芹溪九曲 砚山独秀

——将口文化史记

祝熹 著

中共南平市建阳区委宣传部
中共南平市建阳区将口镇委员会
南平市建阳区将口镇人民政府 编

福建省社会科学普及出版资助项目

『书香建阳』系列文化丛书

海峡出版发行集团
福建人民出版社

图书在版编目（CIP）数据

芹溪九曲　砚山独秀：将口文化史记 / 祝熹著；中共建阳区委宣传部编. -- 福州：福建人民出版社，2025. 7. --（“书香建阳”系列文化丛书）. -- ISBN 978-7-211-09837-8

Ⅰ. K925.74

中国国家版本馆CIP数据核字第2025UD7776号

芹溪九曲　砚山独秀

QINXI JIUQU YANSHAN DUXIU

——将口文化史记

作　　者：祝　熹　著　中共建阳区委宣传部　编

责任编辑：林　顶

美术编辑：林　玲

责任校对：陈　璟

出版发行：福建人民出版社　　**电　　话**：0591-87604366（发行部）

网　　址：http://www.fjpph.com　　**电子邮箱**：fjpph7211@126.com

地　　址：福州市东水路76号　　**邮　　编**：350001

经　　销：福建新华发行（集团）有限责任公司

印　　刷：福建建本文化产业股份有限公司

地　　址：福建省福州市仓山区建新镇红江路6号浦上工业园C区17#楼三层

开　　本：787毫米×1092毫米　1/16

印　　张：17

字　　数：221千字

版　　次：2025年7月第1版

印　　次：2025年7月第1次印刷

书　　号：ISBN 978-7-211-09837-8

定　　价：48.00元

出版说明

建阳，闽北区位中心，物华天宝，山明水秀，是福建最早设置的五个千年古县之一。自古文化昌盛、文风鼎盛，享有“图书之府、理学名邦”的美誉，厚重的历史文脉延续至今。千年的嬗递流转，沧海桑田，千年的优秀历史文化资源，千年的宝贵精神文明财富——成长于其间的优秀人物、发生于其间的动人事件以及这片土地上以朱子为代表的优秀传统文化尤其丰厚。

习近平总书记指出：一项没有文化支撑的事业难以持续长久。为进一步贯彻落实习近平总书记关于优秀传统文化传承发展的系列重要指示精神，全力推进环武夷山国家公园保护发展带建设，全面打响“书香建阳”文化品牌，我区计划通过整合建阳的县志、镇志、乡志，结合民间采访、田野调查，组织专家学者策划一套文化丛书——“书香建阳”系列文化丛书。

该丛书根植传统、立足本土，以中华优秀传统文化为主要内容，介绍了建阳的先贤：朱子、宋慈、九儒、七贤等；建阳的山水福地：芹溪、砚山、焦源、云谷等；建阳的本土文化：书坊、麻沙的建本文化、水吉的建盏文化、崇雒的宋慈文化、莒口的书院文化等。丛书内容涵盖建阳的人文、书院、禅道、信俗、家谱、传说、景观、物产等元素，既有自然之美、物产之丰，还有人文之秀。相信通过这套丛书，可以让更多人走进建阳、了解建阳，为环武夷山国家公园保护发展带建设提供有力的文化支撑，为在新的起点上继续推动文化繁荣，建设中华民族现代文明贡献建阳力量。

“书香建阳”系列文化丛书编委会

2023 年 9 月

目　录

福地文化——芹溪与砚山

名士文化——士人风骨

信俗文化——护佑福地

红色文化——建阳最初的革命之火

科举文化——科举、荐辟、封赠与恩荫

伦理文化——节与孝

附录 1：将口的古今辖域

附录 2：将口的歌谣

序·山水家园

本书展示的是将口的几个块面的文化现象。

地名文化——“将口”的地名密码

将口，传说是“将军之口”，这位将军是安史之乱时睢阳城的守将张巡。张巡就是闽北百姓口中的“大王”“东平王”，张巡的睢阳保卫战为大唐王朝在遭受安史之乱毁灭性的打击下争取了喘息的机会，也才有后来的郭子仪收复两京，再造大唐。张巡死后在民间被追奉为神灵封神，其实是将爱国主义的正气视为天地神灵的信仰构建。曾属将口崇文里的城村古汉城是福建早期出现的都城建制；将口的固县曾写为“故县”，较长时间段是建阳县治的所在地。通过思考将口、城村、固县这些地名背后隐藏的历史，可以基本确认，汉唐之际，将口一带是建阳、武夷山的行政核心圈。

驿站文化——从黄亭驿到南平市站

黄亭是古代福建建设“水美”城市的一个标志性建筑。“黄”是“土”，水来土掩。那座“黄亭”，是先民希望水路航运顺风顺水而建的亭子。一座亭子的名后来成了地名。在宋朝，黄亭是重要的水路驿站。元朝，为了缓解交通压力，在黄亭附近设立马站，配有马夫250人，这便是兴田马站。通过思考兴田驿、黄亭驿，可以基本确认，将口一直是外省入闽官道的重要节点。如今的高铁南平市站，不正说明千年轮转，千年的运输枢纽一直没有改变？

商周汉唐文化——仙葬与遗址

将口的“阑干山”有“悬棺”“仙葬”的文化遗存，与武夷山的武夷君时代相衔接。第二次全国地名普查结果显示将口的42处古代遗址（三普数据）中商周的多达37处，商周遗址的数量之多，令人惊叹。还有周长2896米的闽越王城遗址。分布面积达10万平方米左右的两晋南北朝的墓葬群遗址。因为古代将口，处于行政中心、交通枢纽的优势，促成了将口早期陶瓷生产的发达。新建村的平山遗址极有可能是闽越王城的陶器生产基地。1985年发掘的长达52米的唐代龙窑是唐代闽北地区重要瓷器产地，1991年列入省级文物保护单位。不论是闽越王城陶瓷的生产基地，还是52米龙窑的民间生活用品，都需要足够的人口支撑。百姓聚居，富庶繁华，将口一直人烟辐辏。

当然，还有许多的文化现象，本书中有逐章逐节的解读，综合观之，将口有着丰富的历史文化底蕴，其芹溪、砚山是值得大书特书的。

芹溪，是道教福地。

福地文化——芹溪与砚山

道教有十大洞天七十二福地之说，闽北的洞天福地占四处，生民们在洞天福地的桃花源，守住绿水青山，建设美好家园，打造金山银山。将口的芹溪（砚山）福地，与其他的福地又有不同。以某座山为洞天福地的，较为普遍，如恒山、华山、嵩山；以某一条溪水为洞天福地的，很少，只有若耶溪、泸水等少数几处。同时以一条溪，又捆绑了一座名山的，芹溪（砚山），可谓绝无仅有。此其一。不仅如此，砚山还有华子期炼丹的传说、孔子遗砚的典故、朱子《芹溪九曲》的棹歌。道教福地又关联着孔子、朱子，更是绝无仅有。此其二。朱子在将口，还为一座山写下游记《百丈山记》，此文作为古代散文名篇入选粤教版高中选修《唐宋散文选读》。于是，朱子为将口的一条溪“芹溪”作九曲棹歌；为一座山“百丈山”作山水游记。将口的一水一山，朱子的一诗一文，同样绝无仅有。此其三。有斯山斯水，将口人对山水家园是自信和骄傲的。由此，百姓自然会产生“乐生将口”“喜生将口”的情感，并上升为深邃的家国之情。

于是，此书以将口的主要文化现象为书名《芹溪九曲 砚山独秀——将口文化史记》，从九个方面展示将口的传统文化。在相关的章节之后，均有附文，提供典籍中的将口，以便文史学者、地方文化爱好者进一步研究与理解。其间的个人观点，若有谬误，敬请方家批评。另适当地配了一些图片，主要有三类：一类是山水风光，一类是古迹实物，还有一类则是典籍中的将口。图片以实证、记录为主。

习近平总书记指出：“优秀传统文化是一个国家、一个民族传承和发展的根本，如果丢掉了，就割断了精神命脉。”我们了解历史，续接优秀传统文化；了解将口历史，续接将口优秀传统文化。通过了解将口的历史文化资源，为将口的文化产业发展提供思路与支撑，为乡镇的振兴提供将口自身的文化特质，并以此砥砺前行，呵护山水，建设家园，道路必将越走越宽广。

地名文化

——“将口”的地名密码

将口之所以叫将口，一直传说与一位抗击外敌的将军有关，这位将军是谁？如今，有足够的证据指向，将军就是唐代名将张巡。张巡“以千百就尽之卒，战百万日滋之师”，为大唐王朝在安史之乱的毁灭性打击下获得喘息的机会，也才有后来的郭子仪收复两京，再造大唐。张巡死后在民间被追奉为神灵，其实是将爱国主义的正气视为天地神灵的信仰构建。文天祥《正气歌》有云：“天地有正气，杂然赋流形。下则为河岳，上则为日星。于人曰浩然，沛乎塞苍冥。”因此，将口地名所蕴含的不仅仅是“将军之口”的意义了！

城村，一直是“潭北名区”，被视为建阳北部重镇。

古汉城与大潭城是同一时代的以城市形貌出现的古城。

武则天时代，一直到宋初，将口的固县极有可能都是建阳县治的所在地。“固县”以前写为“故县”。

虽然，我们解开了一些地名的密码，但仍然蕴含着巨大的不可知！我们相信，这些不可知，更多的是生生不息的力量。就像将口古街门楼上的“允臧”砖雕，它隐隐地传达出将口人民很朴素的执念——“这是一个好地方”。

将口的东平寺

将口——将军之口

建阳地名办公室1981年编的《建阳县地名录》，对“将口”地名的由来解释如下：

> 将口古名“榆溪”，传说在南宋间驻闽、浙一带的将军张某，因抗击外寇侵略有功，被朝廷封为东平王，后在一次战争中被困阵亡。临终前嘱咐部将割下其首级带走，以免落入敌手。部将突围后，至榆溪村正北大王岭高坡处，见张某首级口流唾液，就将首级安葬此地。朝廷得悉后颁旨就地兴建东平祠纪念，并将榆溪更名将口。

这一传说被普遍采信。

确实有一位将军，至今仍被供奉在将口镇区的东平寺。

穿过将口镇的古街，到“允臧”的门楼，这儿两条巷子相交，形成一条三岔巷。巷口，是附近居民休闲讲古的地方。往南，穿过允臧门楼，顺着巷子走，不太远，已到镇区的边缘，如今此处民居错落，高高低低。民居的间隙，一座小小的东平寺就显得矮小简陋了。

乡里的寺庙，民间的信俗，没有太多的规矩，说是道教，又是佛教——佛道兼容，有供奉佛、菩萨，也有供奉一位将军神。将军神原来就是寺庙里的主神。

寺中许多斋婆，围着四方桌念经。一边捻着黄色的纸条，把虔诚愿望捻入经中，他们相信一种力量——愿力。一位年轻的斋婆很热心，见我问到“将口”，取出一份好心人编的资料，资料里更加详细地记录了“将口”的由来：

> 东平寺祭祀南宋的一位将军，当地人称“大王菩萨”，因为他和村民的关系亲近，所以寺又名“父母庵”；这位将军在与金兵作战中阵亡，临死前“为防首级落入敌手”，交待部下将其首级割下，带到一个“看见我口吐白沫的地方”，就葬在那里；部下遵其嘱托，行至榆溪边上的榆溪村口（榆溪即崇阳溪），果然见将军首级口吐白沫，再行至村中凉亭，只见六月天里下起了鹅毛大雪；部下知道这是将军告诉他们要停下了，便将首级葬在附近；后来皇帝得知将军的事迹，为纪念他，便下令把榆溪村改名为“将口村”，并在将军首级进村处和埋葬处分别建上古楼和下古楼，又在凉亭南面修建东平寺。

这是节录部分，故事还挺长的，故事还关涉着将口的许多地名：榆溪、雪（薛）厝巷、申明亭、大王岭、上古楼、下古楼……讲古的先生们口口相传，将故事与将口的山水人文结合起来，趣味横生，又有警世劝诫意义。

故事虽似小说家言，但主角却是真实的。

故事的主角有三个关键词：一是东平，二是大王菩萨，三是张姓将军。这三个关键词，为我们提供了揭开这位将军面纱、显露真容、现出真身的可能。

一战封神——张巡

这位将口百姓尊崇的神灵叫张巡。

张巡是一位将军，由将军而封神——朝廷赐封“东平威烈昭济显庄灵佑王”，百姓俗称为“东平王”，或直接称“大王”“大王公”“大王菩萨”。

揭开那场让大唐王朝由盛而衰的安史之乱的帷幕，可以看到张巡悲壮的身影。

唐朝天宝十四载十一月初九——755 年 12 月 16 日，身兼范阳、平卢、河东三镇节度使的安禄山，率 15 万号称 20 万的兵力，以讨伐杨国忠为借口，在范阳起兵造反。安史之乱拉开了序幕。

有多少气壮山河的激扬，就有多少生灵涂炭的悲凉。

安史之乱爆发后两年，唐至德二载（757 年）正月，安庆绪手下的名将尹子奇以 13 万兵力南下，扫荡河南，河南城镇纷纷陷落，只剩下军事重镇睢阳，睢阳在今商丘县境内。

睢阳之战爆发。安庆绪的攻克似乎指日可待。

睢阳太守许远得知消息，连忙向刚被唐王朝任命为河南节度副使的张巡告急。张巡收到告急信后，马上率领 1 万兵士进入睢阳，与睢阳城中的守军 6800 人合力守卫睢阳城。

13 万与 1.68 万的对抗。

睢阳之战从 757 年正月打到当年的十月。最终，睢阳在外无兵援、内无粮草的绝境下，寡不敌众，被叛军攻陷。张巡及其部将 36 人遭杀害。

张巡、许远镇守睢阳，前后打了 400 多场战，歼灭叛军 12 余万人，苦苦支撑了 10 个月。当时，朝廷仅靠残存的长江、淮河流域的赋税支撑。睢阳正是长江、淮河流域的重镇，如果失守，后果不堪设想。张巡用热血与生命争取了宝贵的 10 个月，使朝廷通过江淮财赋的接济，完成了恢复、准备到反攻的过程。睢阳陷落 1 个月前，长安已收复；睢阳陷落 10 天后，东都洛阳又被收复。

正是睢阳之战使唐朝能够反攻，使郭子仪能够从容收复两京。

张巡神气慷慨，每次和贼军交战，都大呼誓师，眼眶瞪裂流血，牙齿都咬碎了。城即将陷落时，张巡知道该做最后的告别了，他向长安的方向拜了两拜说：臣竭尽了自身的智慧和勇猛，仍然不能遏制强大的敌寇，保护住孤城。臣即使做了鬼，也发誓要降灾给逆贼，来报答圣明的恩泽。

韩愈（768—824 年），字退之，唐代文学家，他在《张中丞传后叙》中赞誉张巡说："守住孤城，捍卫天下，仅凭千百个濒临灭亡的士兵，来对付近百万天天增加的敌军，保护着江淮地区，挡住了叛军的攻势，唐王朝的天下没有灭亡，这是谁的功劳？"

大唐王朝最终躲过毁灭性的打击，正是张巡的功劳。

唐肃宗年间，朝廷在睢阳立庙祭祀张巡、许远，称"双忠庙"。

附

张巡传（节选）

十月，城陷，（张）巡与姚撊、南霁云、许远，皆为贼所执。巡神气慷慨，每与贼战，大呼誓师，眦裂血流，齿牙皆碎。城将陷，西向再拜，曰："臣智勇俱竭，不能式遏强寇，保守孤城。臣虽为鬼，誓与贼为厉、以答明恩。”及城陷，尹子奇谓巡曰：“闻君每战眦裂，嚼齿皆碎，何至此耶？”巡曰：“吾欲气吞逆贼，但力不遂耳！”子奇以大刀剔巡口，视其齿，存者不过三数。

——《旧唐书·张巡传》

张中丞传后叙（节选）

〔唐〕韩　愈

当二公之初守也，宁能知人之卒不救，弃城而逆遁？苟此不能守，虽避之他处何益？及其无救而且穷也，将其创残饿羸之余，虽欲去，必不达。二公之贤，其讲之精矣！守一城，捍天下，以千百就尽之卒，战百万日滋之师，蔽遮江淮，沮遏其势，天下之不亡，其谁之功也？当是时，弃城而图存者，不可一二数，擅强兵坐而观者，相环也。不追议此，而责二公以死守，亦见其自比于逆乱，设淫辞而助之攻也。

将口古街的砖雕

闽北的张巡信仰

随着唐末大乱，人口流动，大量的士族进入东南地区，张巡、许远的崇拜遍及东南各地，张巡的信仰甚至漂洋过海。各地建起庙宇，塑起张巡的神像。庙宇名称林林总总，有“张睢阳庙”“睢王庙”“忠顺庙”“都天庙”“东平王庙”“大王庙”等等。

张巡在宋代被封为“东平威烈昭济显庆灵佑王”。宋宣和年间（1119—1125年）张巡、许远，已升级为东岳大帝的执法神，一为“东岳押案”，一为“阴司都统使”。明代祀典中奉祀张、许的庙宇则被称为“归德协忠祠”。

冯梦龙在《三言》中写了一件奇事，说“（张飞）忠心正气，千古不磨。一次托生为张巡，改名不改姓；二次托生为岳飞，改姓不改名”。

张飞、张巡、岳飞都是忠义的化身。

道光版的《建阳县志》记载，元朝时，在徐市的横塘岭，一位叫章文泰的建起一座供奉张巡的东平王庙。明代正统年间（1436—1449年），邓茂七在沙县一带起义，邓茂七手下的吴进保带了一批人准备攻打建阳县，经过横塘岭的东平王庙。他们决定向神请示：攻还是不攻？问神，神不允许。吴进保生气了，点起一把火要烧庙。天降大雨，没烧成。徐市的陈善安、王雅带人与吴进保对战，吴进保等人听到空中传来金鼓声，大败。

麻沙界首的墩头村也建有东平王庙，康熙十三年（1674年），耿精忠变乱，乡里的一些民众暗中谋反，意欲迎合耿精忠。墩头村的人察觉后，集合起来抵御。夜晚时分，只见村民前面有一位将军正奋力迎战。村人战斗到黎明，没有人受伤。

徐市、墩头的将军仍然带着“战神”的色彩，功能比较单一。

将口薛厝巷的开兴坊

张巡的故事毕竟是唐代的，随着张巡信仰的传播，张巡故事的流变、再创造，张巡已经不只是安史之乱时御敌的忠义将军了，传播到了闽北山区，经过各地百姓结合实际本土化后，更是故事不同，版本不同，神迹不同。还有，乱世之时，盗贼群起，将军就受到狂热的追逐，那么治世呢？因此，神的形象的演变，也有“因地制宜”“与时俱进”的特点。在不同的地域，不同的时代，张巡除了扮演“战神”的形象，有战无不胜的能力，还衍生出许多其他的形象，具备其他的超能力。比如，张巡生前说过“臣虽为鬼，誓与贼为厉”的话语，因此，有的庙宇就把张巡塑成驱鬼辟疫的神灵——“赤发青面，吻出四牙，状貌狞恶”。而将口不远的澄浒村，东平王就又有了一个有趣的身份。

将口的隔壁乡镇是武夷山市的兴田镇。兴田镇下辖的一个村庄叫澄浒。村里有多座东平王庙，将军张巡换了另一种身份。当地传说东平王未成名前是位郎中，医术高明，治好了许多疑难杂症，对于穷苦人家从不收钱，深得民众爱戴。他有一身好武艺，后受朝廷重用，与叛军血战，英勇献身。澄浒村的一位老者，一天梦见东平王说，他原本住在路尾村的一棵大樟树里，现这棵树被人破倒锯成了三段，无处栖身，只能四处飘荡，请求长者为他建庙，他会保一方平安。长者问他在何处建庙，东平王说：今晚有百年不遇大洪水，洪水将这三段樟木冲到哪，我就在哪栖身。第二天洪水退后，长者和几位年轻人沿着溪边寻找，发现樟树前段留在路尾村，中间一段流到了澄前村中街，尾段冲到了澄浒村下洲。长者将东平王托梦的事告诉大家，大家都相信东平王真的显灵了，于是三个村的村民纷纷集资建起三座东平王庙。澄前村东平王庙会为每年农历十月二十四、二十五两天，澄浒为农历十一月十四、十五两天。澄浒村庙会的时候，会首一定会召集大家做馒头。馒头是面粉托着一大团的乌糖糯米饭的样子，有一斤与半斤两种。庙会那天，庙里会把馒头回赠给前来敬香的善男信女。香客将回赠的馒头拿回家自食或赠送给亲朋好友，食用庙里的馒头能保平安、健康。

建阳麻沙水南的楠木林是3A级景区，楠木林边上就有一座大王庙，庙中也是主供东平王张巡。

附

东平王庙

东平王庙，在兴贤中里横塘岭。元至正丁亥，里人章文泰建，祀唐御史中丞巡。明正统中邓茂七党吴进保攻县治，祷于神，不许。焚其庙，大雨如注。乡民陈善安、王雅纠众击之。贼闻空中有金鼓声，大败。善安等尽歼之。乡人募众重修。一在北雒里墩头，康熙甲寅耿变，乡里多窃发者，里人纠众御之，夜分见一人戎装为前驱，里人之与贼战者，至黎明竟无所损，人以为神助云。一在县治北驻节门外，卧牛山之半。

——道光《建阳县志》

崇安界
毛茶山
大際
崇泰
郭楼后
虞底
太平橋
祝家村
張墩頭
李墩
同文橋
橫金舖
橫栢埂
白石嶺
后蒿岩
義塚
下塘邊
圖
胡文祠
將口
崇文里
義倉
下酎
水嶺
西岸
上梢橋
丁墩
德林

〔康熙〕《建阳县志》中的将口

城村，曾经两千年前的王城

两千年前，闽北的行政中心是城村；一千年前，建阳的行政中心是固县。

城村，是一座以古代闽越王城命名的村庄。

城村的村口，有三处门坊，分别是“潭北名区”坊，“古粤”坊，“四朝逸老”坊。

“潭北名区”的“潭北”是指建阳的北面，“名区”是名胜之地。城村一直是建阳的辖域，直到 1940 年。1940 年，建阳崇文上里的城村、大渚、井前、杨厝等地划入崇安四区的文仙乡。

“四朝逸老”坊是为城村的一位老者赵文旺所立。赵文旺，字西源。“逸老”一词出自《庄子》：“劳我以生，逸我以老。”“逸老”可以指遁世隐居的老人，也可以指安乐养老之地。逍遥的赵文旺活了一百多岁，历经四朝，所以，牌坊的额上题有“百岁坊”。牌坊建在明朝万历四十五年（1617 年）左右，建阳的知县参与了此事。牌匾的落款为：“赐进士第文林郎知建阳事知县汪元标、赐进士第中宪大夫建宁府知府马关献、巡按福建监察御史李凌云。”坊的另一面悬挂着“圣世人瑞”匾，落款则是“钦差督理粮饷带管建南道福建布政司左参政魏时应”。布政司在明代是省级最高行政机构，魏时应也曾任过建阳知县，建阳水南鲤鱼山上的宝塔就是他倡建的。如今，城村的村民婚娶的时候，仍然会守着一个习俗：抬着新娘过“百岁

城村“百岁坊”建阳知县的落款

闽越王城博物馆

闽越王城大殿遗址

坊”，增福增寿。

至于“古粤坊”，说来就话长了。

城村曾经是闽越王城。

公元前 334 年，越王无疆想北上争霸，却被楚威王打败，无疆转身南下，翻过武夷山脉。越人与闽人开始了最初的沟通。荒蛮的闽地来了一群异族——失败了的越族，迈开了拓荒的第一步，福建的土著与被楚击败的越人后裔磨合沟通，诞生了一个新的族群——闽越族。

汉武帝时，闽越王郢的弟弟余善极不安分，他杀胞兄，自立为王。公元前 111 年，余善在建阳、邵武、浦城等地建造六座城堡，公开反汉，古粤城——即是六座城堡之一，是王城，是闽北中心的城堡。其余五城为护翼的城池，分别是：乌坂城（邵武），大潭城（建阳），浦城，汉阳城（浦城北），临江城。

余善建好闽越王城后刻玉玺称“武帝”。当时中原正是汉武帝临朝。汉武帝既然有横扫西域的勇敢就自然有平定闽越的雄心。汉武帝出击闽越时，余善却因为内讧而丧命。平定闽越后，汉武帝觉得，福建的越族反反复复，干脆把他们全部迁走，于是下诏：“东越险阻反复，为后世患，迁其民于江、淮间，遂虚其地。”闽地的历史因“虚其地”而变得扑朔迷离。历史就这么被风尘掩盖，城池也一样。闽越王城的原居民被迫迁徙到江淮一带后，闽越王城荒废数百年，成了一个“空城”，倒塌、尘封、掩埋、一片废墟。不知过了多久，第一批迁徙而来的百姓见到闽越王城的废墟，于是，称村子为城村，并建村口门楼，名为“古粤”。

1958 年第一次全国文物普查，闽越王城遗址被发现，1959 年试掘，1980 年开始全面探查和重点发掘，1996 年成为第四批全国重点文物保护单位。1999 年闽越王城遗址作为武夷山的一部分进入世界遗产。发掘的城址呈长方形，南北长 860 米，东西宽 550 米，总面积 48 万平方米；王城坐落于三座连绵小丘之上，依山峦起伏之势夯筑城墙；城内王殿居中而立，高台层叠，规模巨大，气势恢宏。

闽粤王城博物馆

尘封之后，王者气象的闽越王城渐被遗忘，没想到的是，百姓来了，他们仍然还保持王者气息。来到城村的，主要是李、赵、林三姓。李氏为唐高祖李渊之后；赵氏为宋太宗赵匡义之后；林姓号称“九牧林”，为商代比干之后。

被岁月改造成寻常百姓栖息的城村，地理条件一如既往地优越，民间流传着“前有锦屏高照，后有青狮托背，左有宝盖桑麻，右有铜闸铁闸”的谚语。城村物华天宝，人口逐步聚集，形成了一个农业发达、手工业兴旺、水陆交通方便、百姓安居乐业的繁华村镇和闽北货物的集散地，不负“潭北名区”盛名。

崇阳溪流经城村的河段称“淮溪”，城村有9街18巷，4门2楼9庙，四方辐辏，商品往来，渡口繁华，所以淮溪渡口就有“淮溪首济”之称。

明、清两朝，城村留下了八景诗。汉王朝，闽越王城的高堂和飞檐；宋元以降，城村的富庶与繁华……这八景诗，写山写水，千年流转，一样是这片土地的无限风流。

附

粤城八景诗一

故城春色

爱此山城景，春来色倍新。著花浓似酒，染草翠如茵。
明媚当晴昼，熹微向晓晨。不妨浮野外，勾引踏青人。

东山夕照

削出崖屏峻，偏宜夕照中。初看微带绿，少俟渐凝红。
粲乱非金色，鲜妍夺锦工。可怜过眼速，愁绝苦吟翁。

天马浮岚

千古钟神秀，撑空万仞巉。宛然存渥水，时复锁烟岚。
一顾价增倍，频看势不凡。谚言贵无敌，虚负出天南。

狻猊涌翠

仰止后猊岭，岧峣接故城。翠繁林木茂，碧荫上流清。
雨霁增奇色，云收见妥形。望中双市井，都托此钟灵。

周道孤松

百尺虬龙势，孤高偃盖苍。惜能临广路，恨弗近幽庄。
岁去盟梅竹，年来饱雪霜。傍人休冷眼，材大不寻常。

环川聚艇

一水分闽岭，萦回觉胜幽。独行乘雅兴，共济漾清流。
薄暮喧樵牧，平芜集鹭鸥。寄言问津处，无复耦耕俦。

丽谯风月

市井孤城外，谯楼四达中。危梯怕跻险，杰栋喜凌空。
得趣寻常月，披襟左右风。欲知奇绝处，歌管与人同。

宝盖桑麻

冉冉桑麻地，迢迢远水边。翠光同一色，绿荫自相鲜。
雨露沾常足，春风长不偏。远杨髡剪尽，蚕事正纷然。

此一组诗有题“隐逸八十三翁庸斋李琢诗”。作者为李琢，时年 83 岁，隐居不仕，号庸斋。

粤城八景诗二

故城春色

（乃闽王所筑之城基也）

怀古登临一望赊，昔年城郭半烟霞。
英雄去后遗基在，满眼桃花映杏花。

东山夕照

（乃本土坐下之朝山也）

一带苍屏耸碧空，玲珑树影夕阳红。
野花啼鸟传声色，孔雀芙蓉尽下风。

天马浮岚

（乃水口咽喉山也，屹砥柱焉）

巍巍天马薛萝丰，山色苍茫日影笼。
岚气四时多变态，王维心笔意难穷。

狻猊涌翠

（乃一境来龙山也，即寺山）

秀拔西南一境山，宛然奇兽在人间。
半空飞翠来如涌，野鸟时鸣去复还。

周道孤松

（乃大路旁之古松也）

夹道苍松翠一团，翘然稍末接云端。
闲来惹得清高趣，坐下风生六月寒。

曲滨聚艇

（乃境内之腰带水也）

苹蓼洲汀薄暮天，山含落日水含烟。
隔溪灯火团相聚，半是渔舟半客船。

丽谯风月

（乃上街之聚景楼也）

楼前靠槛睹天颜，近远溪山指顾间。
风月清光无限好，几人到此是真闲？

宝盖桑麻

（乃隔溪旷野之洲地）

漠漠轻云淡淡烟，桑麻一派蔼平川。
虽非花柳繁花地，自是人寰饱暖天。

此一组诗为清代城村的李镳所作。

千年前的行政中心：“故县”抑或“固县”

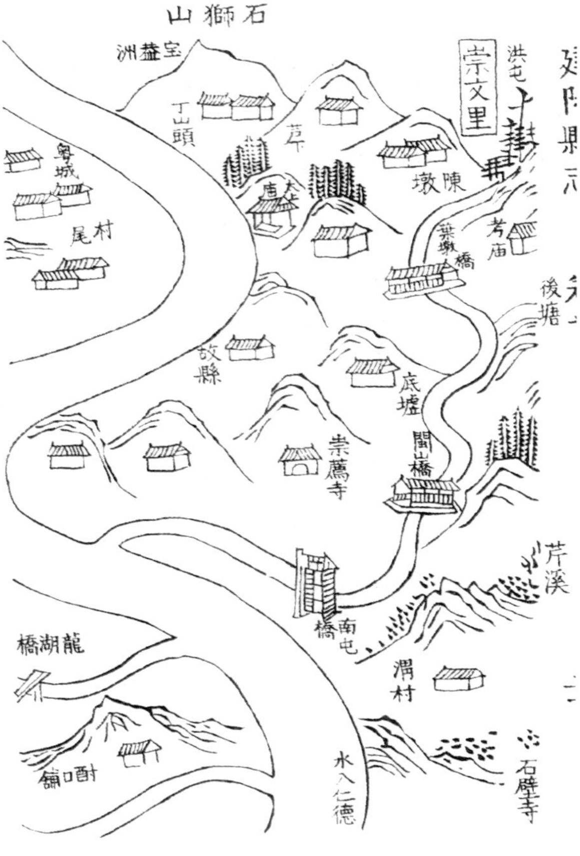

〔康熙〕《建阳县志》中的故县

到底是故县还是固县？

明朝嘉靖、清朝康熙的《建阳县志》写为“故县”。如嘉靖《建阳县志》写道：“至今呼黄亭地方对面为故县。”即黄亭（兴田）的对面被叫作“故县”。康熙《建阳县志》写道：“崇文、仁德，凡二里，村落则城村、故县、将口其大者，彭墩、丁坾、南林亦不下数十家。”即崇文、崇仁德里的村庄，城村、故县、将口是大村，彭墩、丁坾、南林也有几十户。

也就是说，在明朝嘉靖、清朝康熙年间，兴田对面的村庄一直是叫为“故县”。

清朝道光《建阳县志》在写建忠里所辖的村庄时，就“南岸、固县、南台”这么写了；民国《建阳县志》也一样。民国《建阳县志》记录“固县渡”时，地址很明确，“固县渡在将口北境固县村，有上村、下村两处”。

固县古民居的木雕

如此说来，似乎在清朝中期以前，称“故县”，清中期以后，改称“固县”。

考察建阳的县志，确实固县是曾经的老县城。

隋开皇九年（589 年），建安郡降级为县，属泉州管辖，建阳就由县级降格为建安县的下级行政单位。

唐武德四年（621 年），建安改为建州，建阳重新升格为县，而且是“上县、中县、中下县、下县”四种规模的县中，属于最大规模的“上县”。

唐武德八年（625 年），以建州归属泉州都督府管辖，建阳又被归并。

建阳重新恢复县级建制是唐朝的“嗣圣五年”。奇怪的是，嗣圣是唐中宗李哲（后改名李显）第一次在位时所用的唯一的年号，使用的时间是（684 年 1 月 23 日—684 年 2 月 26 日），两个月不到，此后是武则天时代。也许是后来的修史者不愿意承认武后的年号，所以建阳各版本的县志均写为“嗣圣五年”，那年实为“垂拱四年（688 年）”。

公元 688 年，建阳重新恢复县级建制时，县治在“建忠里”，后来的“保太寺”就是当时的县治。当时的崇安县（今武夷山市）还未建县，只是建阳的西北乡，五代十国时，王审知将西北乡改设为温岭镇，南唐攻克福建后，改温岭镇为崇安场。宋淳化五年（994 年），崇安场才升级为崇安县。

固县的李氏民居

升级为崇安县时，两县的交界处是黄亭（兴田），“自黄亭分界，夹于两县之间”。

建阳的县治什么时候在固县，什么时候搬到如今的建阳城，没有明确的记载。隋唐之际，建阳的行政中心比较长时间在今天的固县，这一认定，是没有问题的。固县的水路发达，从武夷山流来的崇阳溪、五夫流来的潭溪、澄浒流来的澄浒溪在固县交汇，所以固县在民国还有两个渡口。如今，固县仍然有上村和下村，田野平整而广阔。村东是固县的靠山，为牛山；村南顺流而下是横塘、将口；村西临河，远眺云谷；村北为象鼻山，象鼻山最窄处，正是兴田三合一水库的大坝。大溪在这转了个 90 度的环弯。山环水抱。想必，古人选择这方沃野，是有道理的。而固县上村两晋南北朝墓葬群的发现也是这一时段固县繁荣的考古实证。固县的仙奶山、鲤鱼埠、后门山半山腰那一片连绵的山包，墓葬的分布面积约 10 万平方米。那是湮没的辉煌。如今，临河处，两幢李家古宅并列而建，门楼古朴、砖雕精美，诉说着曾经的灿烂。

附

疆域沿革表（节录）

武帝太康三年，易建平为建阳。南朝时，宋属建安太守。梁普通六年，以建安属东扬州。陈永定初，置闽州，始为刺史治。寻废。

隋文帝开皇九年，废建安郡为县，省建阳入建安。

唐高祖武德四年，改建安为建州，复置建阳，升为上县。

八年，以建州属泉州都督府，省建阳。

中宗嗣圣五年，复置。（旧志：建忠里保太寺基址，即县治也。）

中和四年，以陈岩为观察使，镇福州；表熊博为建州刺史，寓治建阳。

五代时，王审知为闽节度使，析建阳西北乡为温岭镇，仍属建阳。（旧志：南唐有闽地，后改温岭镇为崇安场。宋淳化五年，升为崇安县。前志于“嗣圣五年复置建阳”条注云：“立温岭镇，改崇安场。”今从《府志》更正。）

宋真宗咸平元年，析建阳之上、下梅等六里入崇安。英宗治平三年，析建阳东南及建安、浦城二县地，置瓯宁县。神宗元丰五年，复析建阳之从政、籍溪等七里入崇安。

绍兴三十二年，孝宗建王登极，升建宁军为建宁府，领县七，而建阳序第三。（建王昚于绍兴五年封建国公。三十年，自普安郡王进封建王。又二年，立为皇太子，遂即皇帝位。时有张栋为之纪。）

理宗景定三年，以县产嘉禾，改名“嘉禾县”。宋季《三朝政要》作：“景定元年十二月，建阳县嘉禾生一本十五穗，诏改‘建阳’为‘嘉禾县’。”）元复名建阳。明因之。

——民国《建阳县志》

“允臧”之地

“允臧”的意思，其实就是“这是一个好地方”！

将口的古街一直连到崇阳溪畔，溪畔有临水宫。古街有巷口，立有坊门。如今存留的一个坊门上写着“允臧”二字。“允臧”典故出自《诗经·国风·鄘风·定之方中》。

> 定之方中，作于楚宫。揆之以日，作于楚室。树之榛栗，椅桐梓漆，爰伐琴瑟。
>
> 升彼虚矣，以望楚矣。望楚与堂，景山与京。降观于桑，卜云其吉，终焉允臧。
>
> 灵雨既零，命彼倌人，星言夙驾，说于桑田。匪直也人，秉心塞渊，騋牝三千。

朱子解读此诗时说：“卫为狄所灭，文公徙居楚丘，营立宫室，国人悦之而作是诗以美之。”卫国被狄国攻陷，卫文公率领国人在楚丘营建宫室，建造首都，国人充满了建国的欣喜，于是作诗歌颂卫文公。

诗的第一部分：十月份，定星闪耀在空中，此时正是国人在楚丘营造宫室的好时间。国人认真地度量日影，测出方向。开始栽种榛树和栗树，它们的果实可以用于祭祀；还种植梓漆和椅桐，他们的木材可以斫琴制瑟。

将口的“允臧”砖雕

有了国都，就要制礼作乐，制琴制瑟。他们都想好了，营造良好的居住环境和打造文明和谐的社会同步进行。

诗的第二部分：登临漕邑废墟上。漕邑是卫文公流亡时期的都城，没有建设正式的宫殿。国人登上漕邑，眺望楚丘，看楚丘的阴阳向背，测量山陵与高冈，是风水宝地；再走下田地，察看蚕桑水土，宜耕宜渔。然后，国人求神卜筮，天意认可，是吉祥的征兆，必然是令人赞叹的好地方。

古人选择居住地，是充满智慧的，《周礼·考工记》就记载：“匠人建国。水地以县，置槷以县，视以景。为规，识日出之景与日入之景。昼参诸日中之景，夜考之极星，以正朝夕。”意思是说，匠人建造城邑，要用系有垂球的线绳，以水平法确定地平面，树立表杆，以悬绳校直，观察日影，画圆，分别识记日出与日落时的杆影。白天考察日中时的杆影，夜里考察北极星的方位，用以确定东南西北方向。

诗的第三部分：好雨知时节，夜里春雨滋润大地，天明时雨停了下来。卫文公吩咐驾车的倌人，驱车赶到桑田督促大家认真耕作。他是正直有为的君王，夙兴夜寐，内心充实又深沉。良马三千，那是兵强马壮的征兆。

“允臧”是将口先民对生活康宁，安居乐业的向往。

张横渠先生祠

将口的古街，有一座张横渠先生祠，坐北朝南，由门楼而进，入天井，到了正厅，两侧是厢房。正厅面阔三间，进深四间，穿斗式木构架，硬山顶。门楼的正面上方阴刻楷体“宋先贤张横渠先生祠”，落款小字“同治癸亥年”，下面有精美砖雕，中间为文官朝拜，左右为双凤朝阳。上方门额两个阳刻竖式大字“荣祀”，左右为四幅瑞兽吉祥花鸟砖雕图案。门额背面刻“先贤宛在”及小字“同治二年榕城王起书”等。

将口镇的横渠先生祠

张横渠是谁？张横渠即张载。

张载，陕西凤翔横渠镇人，是北宋著名哲学家，由于一直在关中讲学，他的学说被称为“关学”。宋代学术“濂洛关闽”并称，其中的“关”即指关学。“为天地立心，为生民立命，为往圣继绝学，为万世开太平”，这四句话便是张载所说，人称“横渠四句”。

宋天禧四年（1020 年），张载出生。张载的父亲根据《周易·坤卦》的“厚德载物”为儿子取名“载”。张载天资聪慧，少儿之时就非同凡人，21 岁时写成《边议九条》向当时任陕西经略安抚副使、主持西北防务的范仲淹上书。第二年，范仲淹在延州军府召见了这位志向远大的儒生，并对张载说：“儒者自有名教，何事于兵?”劝张载在儒学上下功夫。38 岁时，张载赴京应考并登进士第，那一榜都是人才：苏轼、苏辙、程颢、曾巩、曾布、吕惠卿、章惇、王韶等。

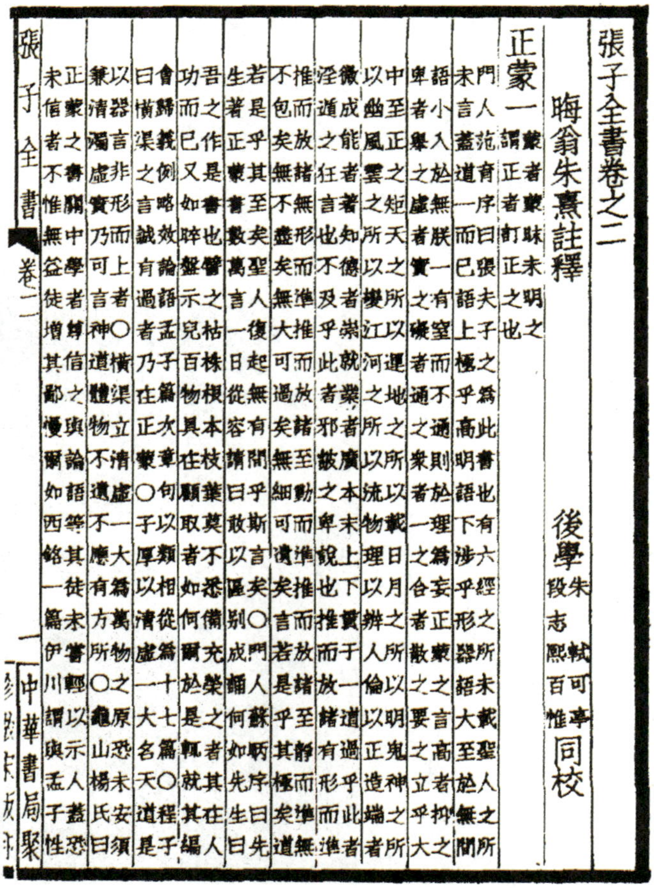
張子全書卷之二

晦翁朱熹註釋　　後學朱軾可亭 段志熙百惟 同校

正蒙一 蒙者蒙昧未明之謂正者訂正之也

門人范育序曰張夫子之為此書也有六經之所未載聖人之所未言蓋道一而已語上極乎高明語下涉乎形器語大至於無間語小入於無朕一有窒而不通則於理為妄正蒙之言高者抑之卑者舉之虛者實之礙者通之衆者一之合者散之要之立乎大中至正之矩天之所以運地之所以載日月之所以明鬼神之所以幽風雲之所以變江河之所以流物理以辨人倫以正造端者微成能者著知德者崇就業者廣本末上下貫乎一道過乎此者淫遁之狂言也不及乎此者邪詖之卑說也推而放諸有形而準推而放諸無形而準推而放諸至動而準推而放諸至靜而準無不包矣無不盡矣無大可過矣無細可遺矣言若是乎其極矣道若是乎其至矣聖人復起無有間乎斯言矣○門人蘇昞序曰先生著正蒙書數萬言一日從容請曰敢以區別成誦何如先生曰吾之作是書也譬之枯株根本枝葉莫不悉備充榮之者其在人功而已又如睟盤示兒百物具在顧取者如何爾於是輒就其編會歸義例略效論語孟子篇次章句以類相從為十七篇○程子曰橫渠之言誠有過者乃在正蒙○子厚以清虛一大名天道是以器言非形而上者○橫渠立清虛一大為萬物之原恐未安須兼清濁虛實乃可言神道體物不遺不應有方所○龜山楊氏曰正蒙之書關中學者尊信之與論語等其徒未嘗輕以示人蓋恐未信者不惟無益徒增其鄙慢爾如西銘一篇伊川謂與孟子性

張子全書　卷二　一

中華書局聚

珍倣宋版印

张载《正蒙》书影

主考官欧阳修和文彦博非常欣赏张载，在他们的支持下，张载到了开封最中心的地段大相国寺，高高地坐上虎皮椅，讲解《易经》。虎皮椅是当时宋王朝对读书士子最高的礼遇。几天后，张载的同榜进士来了，是比张载小十几岁却要张载称为叔叔的程颢及其弟弟程颐来了。三人来了一场关于《易经》的对决。张载自认为不如，撤掉了虎皮椅。第二天，他对听讲的人说：“易学之道，吾不如二程。可向他们请教。”气度胸襟，可见一斑。

张载仕途并不顺利，面对当时朝堂的新旧党争，张载辞官退隐，回到横渠镇后开始办学收徒、著书立说。他给自己最重要的著作取名《正蒙》，取《易经》蒙卦中一句：“蒙以养正，圣功也。”《正蒙·乾称篇》中有两段文字，录于横渠镇学堂墙壁的两侧，东边的叫《砭愚》，西边的叫《订顽》，作为学规。后来程颐见到这两篇文字，大为赞赏，把学堂西侧的《订顽》改为《西铭》，东边的《砭愚》改为《东铭》。

《西铭》很短，253 字，但传达的是一种精神境界，也是一种生活方式，文中的儒家“仁孝”思想受到了宋儒的普遍重视，程颢、程颐、朱子都推崇备至，成为宋明理学的重要思想来源之一。

朱子在登云谷山的一次，半山遇到一场暴雨，他与蔡元定等人开始交流《西铭》中的“天地之塞，吾其体；天地之帅，吾其性”两句话。几位儒士各人所论不同。朱子却另有所悟。并由此生发，著出了《西铭解义》。

建阳的“横渠先生祠”有好几处，记载如下：

横渠书院，在永忠里（麻沙）。宝祐甲子，先生九世孙张德来官邵武，秩满，卜居麻沙，草创建横渠书院以安先生神主。洪武丁卯，知县郭伯泰重建。万历庚辰裁革。乙酉，御史杨公四知奏复。

西铭书院，即横渠张先生祠。在崇泰里莒口。旧志云，宋季张横渠先生元孙日中官兴化军通判，以兵来会丞相文天祥取宁都阵亡，男世基裒父骨葬于莒口，因庐墓，并奉先生祀。明崇祯己巳，知县谢秉谦建祠。清康熙己未，知县郑昱改今名。裔孙春秋致祭。

张横渠先生祠在禾平里（麻沙长坪），即横渠书院。

这些为我们提供了张载后人到建阳的历史线索，但除将口外，麻沙、麻沙长坪、莒口的横渠先生祠都消失了。如今，唯一存世的就是将口的这座。

值得一提的是，横渠书院有一篇记文，作者是明洪武朝状元丁显。

附

横渠书院记

〔明〕丁　显

默契心融明道，继孟氏不传之统，精思力践，横渠得程子正派之宗，故杨龟山称其如彼见识秦汉以下何人得到。而真西山曰：张子有言，圣人者为天地立心，为生民立命，为前圣继绝学，为万世开太平，由是观之，盖真得孔孟之传者，非天畀其孰能与于此。先生姓张氏，讳载，字子原，厥考，寓凤翔郿县，因家焉，先生登嘉祐二年进士第，累官崇文院校书，知太常礼院辞疾，退居太白之阴横渠之阳，故学者称为横渠先生，著《西铭》《正蒙》《经学理窟》等书行于世，赠献公，加封郿国公。先生九世孙讳德者，登宝祐四年进士，授官知闽之邵武县事，带木主以行，往来建阳，道经麻沙，见其溪山之胜，中心欣然受之，时咸淳兵乱，道梗不复西归，遂卜居焉，建横渠书院五十楹，中为厅，曰关中文献，以延戾止之宾；后为堂，曰“精思”，以安献公神主，仍以弟御史公大临为配，春秋释菜以示不忘；左曰“集义斋”，以为延师讲道之所；右曰“敬本室”，以为致斋栖息之地。其前为门额，曰“横渠书院”，旁翼两坊，一曰“扶植纲常”，一曰“缵述道统”，百凡整饬，足称大观，其可谓尊祖敬宗，知所当重矣，元季毁于兵火，遗墟故址，鞠为场牧，过者叹息。洪武丁卯春，邑侯郭公伯泰以进士来宰斯邑，教令惟新，吏民悦服，暇则访诸儒苗裔，优礼待之，而皆勉之以学，及闻先生书院弛废，顾谓寮佐曰：“先贤遗迹在我辈，当修复之。”遂召十三世孙子贵予钱若干，子贵喜曰：“吾志遂矣。”即奉侯命于故址，杂荆榛，苐丰草，鸠功度材，罄其所积，与族人协趋其事。始于己巳之三月，逾四月而落成，悉如旧制，屋宇加丽，观者歆仰郭侯知民有所感动，由是俯顺众心，给田二十亩以为祭礼之需，而郡守宣城黄侯麟为书“横渠书院”四字以揭于门，请予记其事，予谓孝子慈孙之心，孰不欲追扬先世之美，又孰不欲恭奉先世之祀，顾无其美而不得为与？有其美而无在上者以崇尚之则又不敢为者多也，今以先生之德之美，当其子孙迁徙越世之余，祠宇废弛之后，犹遇贤宰以作兴焉，则正学之在人心，固为可见而孝子慈孙之愿亦无有不尽矣。传曰：“仁者必有后。”固先生修德之所及而彰往以训来，在郭侯亦得乎为政之先务与？是为记。

驿站文化

——从黄亭驿到南平市站

黄亭，“宋时建亭，以‘黄’名，取土克水之义”。之所以叫黄亭，“黄”是“土”，水来土掩，先民希望水路航运顺风顺水。黄亭，应该算古代福建建设“水美”城市的一个标志性建筑。

在宋朝，黄亭是重要的水路驿站。

元朝，为了缓解交通压力，在黄亭附近设立马站，配有马夫 250 人，这便是兴田马站。兴田马站最初是为了缓解交通压力而设立的独立建置的一个机构。根据《福建通志》记载，兴田马站最初设在黄亭驿的南面，也就是将口的横塘附近，如今与横塘村隔河相望的正是高铁南平市站。后来，马埠头更适合放马，于是，兴田驿与黄亭驿归并。千年轮转，千年的运输枢纽一直没有改变。终于，黄亭驿和兴田驿仍然回归到交通的节点上来，如今，代而起之的是倏然千里的高铁。如今的高铁站，正以吞吐八荒的气度，迎送八方商旅。

黄亭，半是武夷，半是建阳

一首民谣，几乎伴随着几代人的成长。建阳的孩子还在襁褓中的时候，他们的妈妈就会抱着他们，摇啊摇，口里吟唱着：

搂呀搂
搂到将口
将口歇个暝
搂到黄亭
黄亭跌一倒
拾件破棉袄
今年穿不着
明年刚刚好

民谣中，有两个地名，一是“将口”，一是“黄亭”。将口和黄亭是隔壁乡镇。将口归建阳管，黄亭归武夷山市管。其实，黄亭自崇安（今武夷山市）立县以来，一直是两地互管的。康熙《建阳县志》记载：“崇文接北黄亭，而上街属崇，下街斜连城村，俱属潭。”崇文里（今属将口）北面连接黄亭，黄亭的上街属于崇安县管辖；下街一直往城村方向，都是属于建阳的辖域。如此，形成了黄亭大半是建阳、小半是崇安的格局。

将口街临水宫门楼

黄亭是古地名，即今天的兴田镇。不过，直到今天，在方言里，建阳人仍然俗称“黄亭”，而武夷山人，则称“兴田”。

黄亭之所以称“黄亭”，和水有关系。

中国的东南，江河纵横，水路交通发达。《山海经·海内南经》说：“闽在海中。”汉武帝发兵攻打闽越王城时，汉武帝身边的谋臣严助说：闽越国没有城镇村庄，百姓不是聚集居住，他们散居在溪流山谷之间、竹丛树林中。闽越国的百姓能熟练地驾驭舟船，习惯于水战。那儿地形不开阔，显得隐蔽幽暗，溪流众多，水深危险。

黄亭，正处于几条水路的交汇处：五夫流来的潭溪，武夷山流来的崇阳溪，澄浒流来的澄浒溪。对于“闽在海中”、能熟练驾驭舟船的闽人来说，水路的通行无疑是第一选择。但水路不平静，水下有险滩、暗礁，或者会遇凶险的水域，或者旋水，或者剪刀水，或者横水，水势变幻难测舟船极易偏行横行，稍有不慎，便触岸撞礁沉船落水。

三条水路交汇，也容易引发水灾。

宋朝的洪迈，是与朱子同时代人，《容斋随笔》的作者，他曾记载过一则发生在黄亭的故事。

绍兴甲子年（1144年）五月，江西、浙江、福建大雨滂沱，洪水暴涨，黄亭的一百多户人家登上扣冰庵躲避水灾，扣冰庵的门廊、大殿挤满了人。建阳的吴辉，娶的是黄亭的老婆，姓蓝，端午节，正好回娘家过端午，遇到水灾，于是，他和小妾以及小妾的父母亲也躲到扣冰庵的钟楼里，一觉醒来，鸡叫的时刻，发现自己居然在山上的松林中，小妾在身边，不知道是怎么到林中来的，等到天亮一看，发现自己身处庵后的松林。到庵中的有上千人，活下来的约十分之一，全都似乎凭空被人托起送出，再看扣冰庵，已被冲走，不留痕迹。

洪迈的故事充满了神异的色彩，恰恰一则神异的故事暗示了黄亭面临洪患的凶险。

看一段公开的记录："兴田镇主要自然灾害有洪涝、冰雹、低温、霜冻、雷击等。洪灾平均五年一遇，最严重的一次洪灾发生在2010年6月19日，兴田、城村、南岸、西郊、南源岭5村遭灾，受灾人口1.5万人，农作物受灾面积52.4公顷，倒塌房屋1185间，直接经济损失达1.7亿元。"

附

吴辉妻妾

绍兴甲子五月，江浙闽所在大水，崇安县黄亭镇人百余家尽走，登扣冰庵以避之，门廊堂殿皆满。建阳人吴辉，娶黄亭蓝氏，端午日，妻归宁，正值水祸，同一妾从父母栖于庵之钟楼。睡觉，闻鸡鸣，则身乃在山上松林中，莫知所以能至。迨旦观之，盖庵后山也。妾亦在旁，父母与家人皆不见。凡来庵中千口，其得生者十之一，悉若虚空中有人送出者，庵屋尽为水荡去，地面亦无复存。

——〔宋〕洪迈《夷坚丁志》

最早的“水美”建筑——黄亭

洪水无情。破解无情的洪水，古人用智慧。

中国古人建立起了“五行”这样朴素的辩证唯物主义哲学思想，“木火土金水”五种物质，互相生发，互相克制，“相生相克”。所谓“金生丽水”，金生水，此为相生；所谓“水来土掩”，土克水，此为相克。土的颜色是黄色的。“天地玄黄”：天，玄色；地，黄色。土地的颜色是五色中的“正色”。因此，建一座亭子，取名黄亭，就有了以土克水，水路平安的深刻寓意了。水运的时代，风平浪静是每一位生民的愿望。取名“黄亭”，是对土地的尊重，是希望水患不起，舟行顺风。就像许多牌坊或建筑物的正中脊柱上，会装饰鸱吻。传说龙生九子，鸱吻是龙的第九个儿子，会喷浪降雨。木结构的建筑特别怕火灾，木建筑得了鸱吻的庇护，似乎就具备防火的功能了。

> 黄亭，在武夷山，宋时建亭，以“黄”名，取土克水之义。
>
> ——《明一统志》卷七十六

黄亭，应该算古代福建建设“水美”城市的一个标志性建筑。

在宋朝，黄亭是重要的水路驿站。

乾道四年（1168 年），五夫闹灾荒，百姓过不下去了，粮食严重不足，朱子向建宁府（治所在今建瓯）借六百斛粮食救灾。建宁府派人逆建溪而上通过水路运送。因为五夫的潭溪行不了大船，所以，粮食的交接地点就定在黄亭。当时，朱子带着一批五夫的老百姓，步行四十里来到黄亭驿。领到粮食后，五夫的老小因为这些救命粮而幸免于难。他们欢声雷动。此次建宁府借来的六百斛粮食，成为朱子建立五夫社仓的谷本。五夫社仓由于开创性地将社仓建到农村的地位，被誉为“先儒经济盛迹”，是朱子恤民思想的具体体现，是朱子民本思想实践的一座丰碑，是朱子解决民生问题、社会问题的一次创举，被典籍提到了“仁政及民，莫此为要”的高度。

黄亭驿的粮食交接事件，是中国社仓史的一个重要节点。

因为黄亭蕴含着“五行”的“土克水”的道理，由此，适合思考天地。有可能，如今的阴阳鱼的太极图，最早的萌发点就在黄亭。朱子曾经和学生交流《易经》，什么是“易”呢？很简单，朱子举了杨时的例子。杨时经过黄亭时，曾到过詹季鲁家。詹季鲁对“易”充满了疑问。杨时拿出一张纸，画了一个圆圈，把圆圈的一半用墨涂黑，说：这就是“易”。

太极图的类型是非常多的。林林总总的太极图，阴阳鱼的形式出现得比较晚。而黄亭那次，杨时对詹季鲁画的那个圈，已是阴阳鱼的雏形了。其实，朱子在编写《周易本义》的时候，所使用的太极图与阴阳鱼大相径庭。

从武夷山进入福建，或从福建北上进入江西，黄亭驿总会让诗人流连徘徊，他们看山看水，不吝笔墨，留下辗转千载的诗篇。李纲被贬沙县，重新回京的时候，写下《题壁黄亭驿》：

云山一带碧崔嵬，迎吾南迁又北回。
岁籥才周两经历，此行端为武夷来。

南来，又北往，此日，武夷山云雾缭绕。北上，意味着庙堂的重用，李纲的心情很好。他打算好了，马上就要到武夷山，必须好好再游览一番。

同样心情很好的还有陆游，他望着远方雾霭中的武夷山，丹霞群峰，连旧梦都换成了新梦，于是，赋得《黄亭夜雨》一首：

未到名山梦已新，千峰拔地玉嶙峋。
黄亭一夜风吹雨，似为游人洗俗尘。

附

建宁府崇安县五夫社仓记（节选）

〔宋〕朱　熹

有司以船粟六百斛，溯溪以来，刘侯与予率乡人行四十里，受之黄亭，步下归籍，民口大小仰食者若干人，以率受粟，民遂得无饥乱以死，无不悦喜，欢呼声动旁邑。

季鲁问“易”

龟山过黄亭詹季鲁家，季鲁问“易”，龟山取一张纸画个圈子，用墨涂其半，云：这便是“易”。此说极好，“易”只是一阴一阳，做出许多般样。

——《朱子五经语类》卷七《易七》

将口道中的美景

沙平路软足力健，麦细桑柔春意深。
绿水一湾浮野鹅，青山两岸唤幽禽。

这是刘学箕的一首《将口道中》。两岸青山，一湾绿水。真正的青山绿水，真正的金山银山。

刘学箕自号方是闲居士，字习之，武夷山五夫人，朱子的老师“屏山先生”刘子翚的孙子。

方是闲居士种山梅，观偃松，赏木樨，也曾试着引种天下名花——扬州的琼花，还有，方是闲居士对水仙花也用情深刻。方是闲居士曾经非常喜欢黄庭坚写水仙花的一首诗：《王充道送水仙花五十支》。

凌波仙子生尘袜，水上轻盈步微月。
是谁招此断肠魂，种作寒花寄愁绝。
含香体素欲倾城，山矾是弟梅是兄。
坐对真成被花恼，出门一笑大江横。

于是，他就用檃括的方法“改编”了黄庭坚的诗，将诗改造成《浣溪沙》的词：

水上轻盈步月明，凌波仙子袜生尘，是谁招此断肠魂？　种作寒花愁绝意，含香艳素欲倾城，并芳难弟与难兄。

方是闲听说建阳的花农种植水仙花的水平极高，“若葱若薤，绵亘畴陌，含香艳素”。宋朝建阳的水仙花是产业化的大面积种植，“若葱若薤”说的是水仙花长得像葱像薤；“绵亘畴陌”说的是水仙花在田野里连绵不断的样子；“含香艳素”说的是水仙花色既艳又素，而且带着芳香。方是闲居士让“健步”过将口到建阳去买个一百丛的水仙花来。“健步”回来后，什么也没买到，方是闲居士问他。“健步”才说：有金盏银台，但是没有水仙花。

其实，金盏银台就是水仙花。

将口农业中学上茶果课

李时珍说：水仙花适宜种在“卑湿处，不可缺水”，所以叫水仙。这是根据生长习性来命名。水仙花还有一个根据花的形状来命名的名字，水仙花的样子好像是一个黄色的小金杯放置在白色的银台之上，就叫——金盏银台。

可以想象，方是闲居士是位雅士，经过将口时，看到春意来袭，就有了山水佳句的诗：“沙平路软足力健，麦细桑柔春意深。绿水一湾浮野鹈，青山两岸唤幽禽。”

元朝，黄亭驿成了兴田驿

黄亭驿改兴田驿的具体时间节点，许多史料认定是明朝，如《中华人民共和国地名词典·福建省》就认为："兴田镇为武夷山市辖镇，曾名黄亭、黄亭街、黄亭市，明代兴田水驿迁此而改今名。"

《中华人民共和国地名词典·福建省》的认定并不准确。事实上，明朝之前的元朝，黄亭驿就已经改为兴田驿了。

元朝的至元元年（1335 年），一位诗人到福建当官，任福建闽海道肃政廉访司知事。诗人名唤萨都剌，号称"有元一代词人之冠"，有《雁门集》传世。两年后的至元三年，萨都剌离开福建，北上经过黄亭，那时黄亭驿已经称兴田驿了。

在兴田驿，萨都剌记录了一场非常刻意的相逢。

人生聚散，就像浮云一般，天南地北，却又人生何处不相逢，有缘的终归会有相见。

萨都剌乘船北上，过建阳，往前就是武夷山，意味着就要离开福建了。距离兴田驿约 20 里路的时候，也就在将口一带，萨都剌突然听到鸣金击鼓的声音，山谷回响震动。转眼，只见岸上，阵容整齐的一支队伍。前方旌旗，后方兵卒，中间一位骑马的将军。过了不久，只见兴田驿的官员和驿夫抬着轿子到驿站之处等候萨都剌了。到了兴田驿，已是黄昏。烛光之下，只见刚才行伍中的将军走进驿站，对萨都剌说："我是五夫的巡检官，听说使君前来，我在此等候快一个月了。我见过使君三次面。京城一别，竟然五年，使君忘记了吗?”原来是旧时相识。往事历历，恍然就像是前世。萨都剌以一首《相逢行》记录此次的黄亭驿之会。这首诗前有序，序言写道：“予迁官出闽，舟行抵兴田驿二十里许。”

黄亭驿改名兴田驿是在元代无疑了。

元朝，官道的一条重要线路是从建阳北上，过武夷山，出分水关，入江西界。当时，泉州一带进献给朝廷的贡赋，都是通过这一通道出省。黄亭驿承担太多的往来运送任务，有不可承受之重。元朝的至元二十九年(1292 年)，福建最高的行政机构宣慰司的一把手名唤高兴。高兴看到黄亭驿及沿途一些驿站的百姓为了躲避沉重的运送任务，都逃亡去了。于是，他请求在建阳、武夷山各设立一处新的运输机构——马站，每一站马夫 250 人，以缓解运输的压力。

> 二十九年正月七日，中书省奏，福建宣慰司官高兴言：本道每年递运泉州贡赋，及外国来使赴上，皆仰民力，纲运重劳苦之。今沿途逃亡之屋甚多，良可哀悯。窃详远迩职贡，驿传为先，请于建宁路建阳县、崇安县各立马站一所。迤至铅山州车盘站，至汭口[①]下船直至大都。每处用夫二百五十人，所以放罢亡宋运铜钱及铺兵充站夫。又于福州怀安县水口、南剑，各置水站以达建宁，似望官民便益。
>
> ——《永乐大典》卷 19419

兴田马站应运而生。

兴田马站最初是为了缓解交通压力而设立的独立建制的一个机构。根据《福建通志》记载，兴田马站最初设在黄亭驿的南面，也就是将口的横

---

① 汭口：河口的前身。

塘附近，如今与横塘村隔河相望的正是高铁南平市站。

千年的运输枢纽一直没有改变。

横塘与兴田比，田地不多，250 位驿夫的马站，需要大量的交通工具——马。兴田被三条溪流冲出的沃野平畴非常有利于放马。因此，不久之后，因为“不便牧养”，兴田马站就移到黄亭驿，至今，兴田镇边上的“马埠头”地名还在，就是当时养马、放马的码头的意思。至此，黄亭驿的名字逐渐被新的兴田驿取代，黄亭驿把水路运输和陆路运输的功能整合一起。多种交通工具在此并集。由于元朝是马背上的民族统治的时代，此后，陆路的运输逐渐成为重要的运输方式。

刘基，即刘伯温，他是元末的进士，明朝的开国元勋，他从建宁府（今建瓯）前往兴田驿时，写下《早发建宁至兴田驿》。

鸡鸣戒晨装，上马见初日。
露泫叶尚俯，雾重山未出。
……

“上马见初日”，刘基使用的交通工具就是马而不是船了。

连江的才子、明武宗正德六年（1511 年）进士游琏经过兴田驿，满是忧伤的他远远地看到了武夷山色，心情突然就好起来了。

兴田驿路人家绕，烟火依稀出远山。
蔗圃秧分疏雨外，茶烟人语乱云间。
半生恋阙心空赤，五马之官鬓欲斑。
独坐肩舆怀正恶，武夷遥望一开颜。

诗的最后一句“武夷遥望一开颜”，原来，真山水是可以解忧的。

附

相逢行赠别旧友治将军 并序

〔元〕萨都剌

予迁官出闽，舟行抵兴田驿二十里许。俄闻击鸣金鼓，应响山谷间，随见旌旗导前，兵卒卫后，中有乘马者，毳袍帕首，徐行按辔，屡目吾舟。吾病久气馁，不能无惧心也。顷之，兴田驿吏以行舆见迓，遂舍舟乘舆向之，旌旗兵卒移导舆前，马从舆后，舆行马鸣，途中未敢交一语。迫暮，至邸舍，烛光之下，毳袍者进曰："某乃建之五夫巡检官，闻使君至，候此将一月矣，某尝三识使君面，自都门一别，今已五载，使君岂遗忘之邪?"仆惊谢曰："将军何人也?"答曰："某即使君旧友云中也。"熟视久之，恍如梦寐。云中复能纪余阙下丰采时否邪？历历关河，旧游如隔世。乃对烛光，夜道故旧，明日复同游武夷九曲，煮茶酌酒，临流赋诗，出入丹崖碧嶂间，心与境会，天趣妙发，长歌剧饮，相与为乐。酒阑兴尽，秋风凄凄，落木雨下，闽关在望，复作远行。予始见君而惧，次得君而喜，终会君而乐，又得名山水以发挥久别抑郁之怀，乐甚而复别，别而复悲，悲复继之以思也。嗟夫！人生聚散，信如浮云。地北天南，会有相见。因赋诗，复为《相逢行》以送之：

一年相逢在京口，笑解吴钩换新酒。
城南桃杏花正开，白面青衫鞭马走。
一年相逢白下门，短衣窄袖呼郎君。
朝驰燕赵暮吴楚，逸气自觉凌青云。
一年相逢在阙下，东家蹇驴日相假。
有如臣甫去朝天，泥滑沙堤不敢打。
都门一别今五年，今年相逢沧海边。

千山木叶下如雨，雁声堕地秋连天。
将军毳袍腰羽箭，拥马旌旗照溪面。
小官不识将军谁，卧病孤舟强相见。
岂知此地逢故人，摩挲老眼开层云。
旧游历历似隔世，夜雨岂不思同群。
郎君别后瘦如许，无乃从前作诗苦。
溪头月落山馆深，翦烛犹疑梦中语。
人生聚散亦有时，且与将军游武夷。
弓刀挂在洞前树，洞里仙童来觅诗。
稽首武夷君，借我幔峰顶。
分我紫霞浆，与子连夜饮。
左手招子乔，右手招飞琼。
举觞星月下，听吹双凤笙。
我酌一杯酒，持劝天上月。
劝尔常照人相逢，莫向关山照离别。
凤笙换曲曲未终，天风木杪吹晨钟。
拂衣罢宴下山去，又隔云山千万重。

兴田驿

兴田驿在崇安县东南，黄亭镇南，去建阳县七十里，明初置于兴田，后移于此。

——乾隆《福建通志》卷十六

兴田驿，在（崇安）县南丰阳里黄亭街。初在兴田，以地不便牧养，遂迁今址。洪武元年，驿丞张克修重建。

——〔明〕黄仲昭修纂《八闽通志》卷四十一

早发建宁至兴田驿

〔明〕刘　基

鸡鸣戒晨装，上马见初日。
露泫叶尚俯，雾重山未出。
客途得霁景，缓步非纵佚。
矧兹岁有秋，高下俱颖栗。
牛羊散原野，鹅鸭满阡陌。
怀抱既夷旷，神情自清谧。
寒花蔓篱落，候虫响蒙密。
霞标青枫林，雪绽乌柏实。
幽览虽云遽，佳趣领已悉。
我行固无期，况乃尘事毕。

驿站的转型，高铁站的崛起

清朝，驿站的管理有了新的调整。

黄亭驿的运转与宋、元、明时期完全不同了。

其一，建阳开辟了一条新的出省官道。从建阳水南的建溪驿，到水吉的营头驿，到浦城的人和驿、柘浦驿、小关驿，越仙霞岭进入浙江江山县。出省的重要通道增加了一条，黄亭驿的重要性被降低。

其二，清朝的驿站是设置驿马的，但福建没设，元朝250位驿夫的马站消失了。当时各省驿站只有福建、广东、广西不设马。有些省份，除了驿马，还有设牛、驴、骡等牲畜运输重物。

其三，官方设定的船只数量少，黄亭驿的水运面临困难。统计光绪年间的数据显示，水驿及船只数，江苏50只，安徽42只，江西26只，福建18只，浙江53只，湖北64只，四川11只，广东244只，广西46只。

其四，管理混乱，兴田驿的人员调度与任务执行由建阳管理，经费使用由崇安管理。经费由崇安支出，建阳派差役却没有经费保障，任务的执行变得特别的困难。驿夫半路逃走，或者染病无法上班时，需要临时雇请当地的地保另外招人，因为不在自己的县境，雇请费用常被无端地抬高或勒索。

其五，因为没有配马，运送货物、搬送行李、传递信件在时效上就很差，于是，福建的驿站出现一种特殊的工具——“千里马”。这种马其实是人，以人代马。“千里马”们背负包裹，身外系着响铃，他们或者一昼夜行走几百里路，或者连续行走一百多里而不用休息。每个驿站都养着一些“千里马”，他们在驿站食宿，驿站给予工钱和伙食的保障，但他们常常多虚报两三名，以便侵吞些工钱和伙食。如果遇到临时需要人手的任务，就私下雇些无赖，人心变坏了，就出现耽搁、延误的情况；或者干脆出点小钱托人顺路带货，又极容易出现货物遗失；一些嗜赌成惯的“千里马”，由于睡眠不足，走到中途，把公文当成枕头熟睡误事；官府督查又严格，奖赏机制又差，于是，出现将公文扔到草丛以图报复的……

顶层设计出问题，交通工具缺失，“千里马”素质低下，因此，朝廷的紧要公文，一进入福建的崇山峻岭，不论是规定日行三百里，还是日行六百里，一入福建界，每昼夜降低到最低值三百里。三百里是中央级别的紧要工作，如果是福建与清中央政府各部门以及其他省份来往的一般性公文，在福建境内传送的限定是日行一百七八十里。

陈盛韶，建阳知县。

陈盛韶是道光三年（1823 年）进士，历任福建建阳、古田、仙游、诏安知县，兴化府兴粮厅、台湾噶玛兰通判，邵武、云霄、鹿港厅同知。他著的《问俗录》一开篇就是写建阳的事情。他写建阳的驿站时谈到了驿站管理的混乱，他说：“以驿交驿，天下之驿政也。兴田为崇安驿站，而建阳为之办差……”在陈盛韶看来，这是一种乱行政。乱行政和盘剥百姓导致人民能正常娶妻育儿的，过正常家庭生活的，不到十分之一。此种问题的出现，在官而不在民。当时，鸦片战争还未开始，一个庞大国家机器的无效管理已经渗透到了毛细血管，一个王朝的衰败迹象已经显现。

当然，这也意味着闽北的交通出了大问题。

往事如烟，终于，黄亭驿和兴田驿仍然回归到交通的节点上来，蓦然回首，百年如梦，黄亭驿的跫音已远，棹歌不闻，马蹄声渺渺……代而起之的是倏然千里的高铁。如今的高铁站，正以吞吐八荒的气度，往来迎送八方商旅。

附

驿　路

以驿交驿，天下之驿政也。兴田为崇安驿站，而建阳为之办差。县城驿必随县，亦天下驿政也。营头环绕瓯宁，而驿站独归建阳，直送浦城。其中有三弊：公差往来，必饬地保联首，防御贼盗，鞭长莫及，呼应不灵，一弊也；役夫或染病难行，或半途逃走，必传地保另雇，非其本县，重以掯勒，二弊也；崇安有驿费者无差累，建阳有差累者无驿费，营头驿费虽归建阳报销，而例所不载，事所必需者十之八九，三弊也。夫自建溪至营头七十里，非不远也，更代瓯宁送至人和驿，则百七十里，自建溪至兴田六十里，非不远也，更代崇安送至县城，则百二十里，其间夫价火食，赔累不赀。谓病在官乎？建阳父老曰："非独病官，亦且病民。"本官处此冲途，时虞陨越，或借民力以自纾，故病又在民。然予以为其病究在官，天下设法剥民，能保身家妻子者十无一二，病究在官也。

——〔清〕陈盛韶《问谷录·建阳县》

驿　马

驿马，各省驿站除福建、广东、广西不设马外，均有驿马。直隶兼设骡驴，山东、浙江兼设驴，黑龙江及北路军站兼设牛。每年驿马倒毙之数各省定例不一，不能超过十分之二、三、四不等，其准买补驿马价银银两之数也不等，俱予驿站款内动支。光绪朝全国驿站供驱使的牲口马骡驴牛等，共有五万三千三百九十二匹。驿车，除会同馆设车外，直隶额设车一百六十三辆，黑龙江车一百辆，甘肃车六百七十五辆，其余驿站不设车。无车或车数不敷应用准雇民车，以百里为一站，每车每站给银一两，多十里增银一钱，少十里减银一钱。驿船，水驿俱设船，其光绪朝设有水驿及船只数，江苏五十只，安徽四十二只，江西二十六只，福建十八只，浙江五十三只，湖北六十四只，四川十一只，广东二百四十四只，广西四十六只。驿船三年小修，六年中修，九年大修。站船如不敷，准雇民船，每一里给银三分。

——方裕谨《清代邮驿制度概述》

清代福建驿站

清代福建驿站布局基本承袭明代，主要区别有二：一是清代自建阳县建溪驿、营头驿、浦城县人和驿、柘浦驿、小关驿，越仙霞岭与浙江江山县交界的这段驿路为明代所无；二是明代福建驿站分水驿、马驿和水马兼驿，而清代不分。清代福建驿站主要由驿夫走递公文，驿铺夫兵配置名额根据事务繁简而不同。驿站配置的担夫一般从 5 人至 115 人，递夫 2 人至 14 人，兜夫 3 人至 44 人不等。其中，全省配设报船与水手的仅三个驿——侯官县芋原驿、古田县水口驿、浦城县小关驿。

——卢美松主编《福建省历史地图集》

福建驿递

驿递是传递公文的主要方式，依照清政府的规定，传递此类公文必须日行五百里至六百里，火速飞驰递送。乾隆十三年（1748 年），清高宗旨称："福建省并无驿马，来往公文皆系驿夫走递。水路则风信不时，渡涉维艰；陆路则崇山峻岭，登涉不易。所有军机处交出发寄紧要公文，一入福建之界，无论限行三百里、六百里，总照律载递送公文之例，每昼夜概行三百里。”及至乾隆四十年又进一步规定，无论什么机构发出的公文，凡限定日行六百里的，在福建境内一律要求日行三百里。福建地方政府就以此为依据，于乾隆四十年做出相应的规定，并把它制度化。凡清中央政府各部下发的以及其他省份发来的限定日行三百里至六百里的公文，入福建境内后，各驿一律按日行三百里传递。由福建外递的奏折，以及内容属于紧要类型的“京报”和给其他省份的公文，在福建境内均按日行三百里传递；同时，必须写上“马上飞递”和“限行六百里”（或“限行五百里”）字样。因为，“是闽省之六百里，核实本止三百里，而每遇军机奏报，自京至闽，由闽至京，及移行各省公文，仍按事之缓急分别五百里、六百里递送者，诚以一出闽境，即有马道可通”。只有这样，才与外省的驿站衔接得上，不致引起省外各驿站的误会，把限定日行五六百里的紧要公文误作“限行三百里”传递。至于福建与清中央政府各部以及其他省份往来的一般性公文，其在福建境内各驿传递时限定日行一百七十八十里。

——赵建群《清代福建公文传递制度研究》

商周汉唐文化

——仙葬与遗址

文物鉴定领域将唐以前的古代器物称为“高古”，本节所谈论将口的古闽时代、商周、魏晋、汉唐的一些散片，也可称为将口的“高古”文化了。

将口有一座阑干山，似乎已遗失在历史深处。

阑干山，在建阳县崇文里（今将口），“悬棺仙葬，多类武夷”。

这是建阳其他乡镇所没有见到记载的奇特现象。为什么在远离武夷九曲溪的阑干山会形成一处独立的“悬棺”“仙葬”的文化遗存？

不仅如此，将口的唐代以前的文化现象还有几点值得关注。根据普查的资料，将口42处遗址中商周的多达37处。商周遗址的数量之多，令人惊叹。汉代，城村的闽越王城是王城建制，闽越王城是闽越国的行政中心。建阳立县，将口依然保持着行政中心的地位，将口的固（故）县较长时间为建阳的行政中心。固县的两晋南北朝的分布面积达到10万平方米左右的墓葬群遗址就用事实说明了问题。

因为行政中心和交通枢纽利于百姓聚居，独特的富庶与繁华促成了将口早期陶瓷生产的发达。新建村的平山遗址采集的陶器具有典型的汉代风格，专家推断极有可能是闽越王城的陶器生产基地。将口发掘一座长达52米的唐代龙窑，是当时国内最长的唐窑。不论是王朝陶瓷的生产基地，还是52米龙窑的民间生活用品，都需要足够的人口支撑。

阑干山之谜

按嘉靖《建宁府志》卷三《山川》所载："阑干山，在建阳县崇文里（今将口），与武夷山相连属，山半有石室，可容五六十人。其下古木周列，如阑干然。"这里所说的石室，或者就是"亲家殿"之类。

——朱维幹《福建史稿》

阑干山，南与武夷山相对，半岩有石室，可容千人，岩口有木栏杆，飞阁楼道。远望石室中，隐隐有床帐、案几之属，岩石间悉生古柏，悬棺仙葬，多类武夷。

——〔南朝齐〕萧子开《建安记》

武夷君之名，著自汉世，祀以干鱼，不知果何神也。……颇疑前世，道阻未通、川壅未决时，夷落所居，而汉祀者即其君长。……没而传以为仙也。

——〔宋〕朱熹《晦庵先生朱文公文集·武夷图序》

阑干山在崇文里。根据民国《建阳县志》，崇文里涉及将口、城村（古名粤城）、小渚、大渚、马埠头、渭村、西岸、张墩头、灵凤、松柏埂等地。现在已经无法确知阑干山的位置了，有可能在大渚一带。

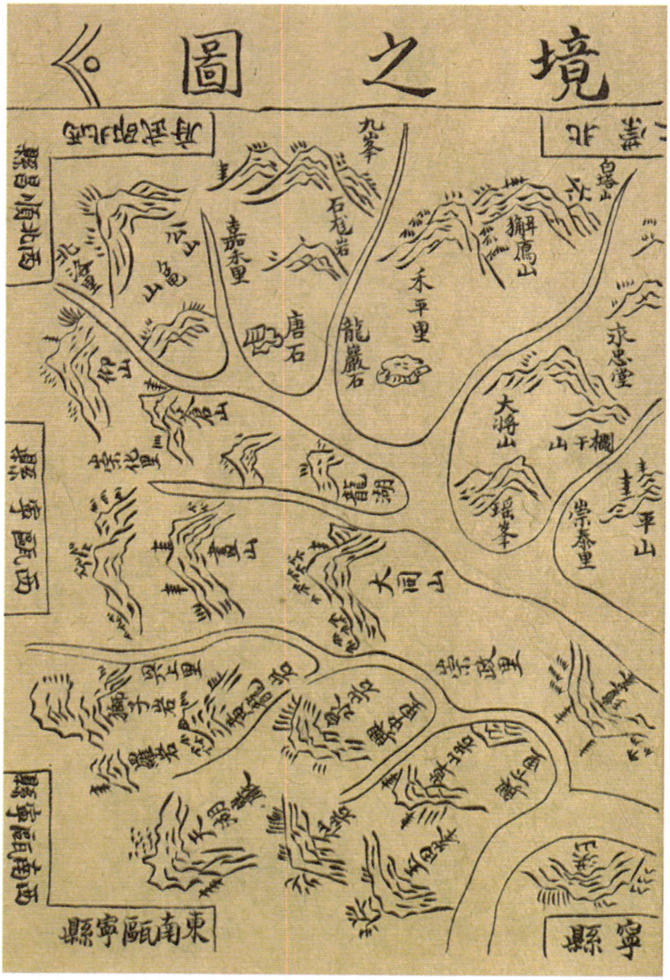

嘉靖《建阳县志》中的阑干山

神秘的阑干山与古闽人有关，与武夷山的仙舟、虹桥板的遗存近乎一致。

淳熙六年（1179 年），担任提举福建常平茶事的一位官员从建瓯过建阳，再过将口，往武夷北归。

一路写诗，其中有两首诗是一组，连在一起写的。一首写在建阳水东的溪边，他给溪边的一座道观——“东观”的道士送了两头鹅；一首写在武夷的九曲溪边，诗人遇到崖间的船棺木破损，木块被风吹下，像石头一样坚硬。

过建阳县，以双鹅赠东观道士为长生鹅，观俯大溪，鹅得其所矣。武夷险绝处，有仙船，架崖壁间，数日前大风吹堕船木数寸，坚硬如石，予偶得之，皆此行奇事也，各赋一诗：

双　鹅

断崖幽洞白云深，缥缈仙槎无古今。
飞下一峰相劳苦，却疑天外有知音。

堕　木

断崖幽洞白云深，缥缈仙槎无古今。
飞下一峰相劳苦，却疑天外有知音。

这位诗人是陆游。

陆游说的“仙船”架在崖壁间的，武夷山有很多，像大王峰、兜鍪峰、小藏峰都有多艇。

朱子在《武夷九曲棹歌》中，就有咏唱小藏峰的架壑船。

三曲君看架壑船，不知停棹几何年？
桑田海水今如许，泡沫风灯敢自怜。

小藏峰在第三曲，是武夷山安放架壑船棺最集中、最多的山峰，所以又名仙船岩、船场岩。明代学者郑主忠留下“峰名小藏藏何物？万仞悬崖架两船”的诗句。诗中的“两船”指的是悬架在小藏峰东壁的两艘古闽人的仙船。郑主忠茫然追问“藏何物”。其实，仙船是古越人悬棺葬的棺材。

因为像船形，古人就称以“仙船”；因为搁架在岩壑的洞穴中，又称“架壑船”。南朝的顾野王到武夷山时，写下“地仙之宅，半崖有悬棺数千”。

清代袁枚曾到大藏峰、小藏峰附近，看到许多的桥板梁柱，“三曲而于虹桥岩，穴中庋柱拱百千，横斜参差，不腐朽，亦不倾落”。

当然，是会腐朽，会倾落的，只是难得。正因难得，宋代的陆游才会因为得到数寸的“船木”而感叹为“奇事”；到了清代，仙船木和虹桥板木因稀有而成为收藏品。《武夷山名胜图绘》曾记载过一次整只仙船坠落的场景：“（小藏峰）又有小船二只，架于横木之上，岁久不坏，曰‘仙船岩’。盖武夷仙船有七，大王峰之升真洞四艇，兜鍪峰一艇，此峰二艇也。万历丁巳夏一夕，此峰忽坠一艇，声震远迩，所贮遗殖之瓷瓮悉糜碎，好事者争取船木镌以为珮，嗅之微有香气，咸莫辨其为何木也。”此事发生在明代万历四十五年（1617 年）夏天的一个晚上，小藏峰的一具船棺坠落，发出巨大的声响，藏放骨殖的坛罐都破碎了。好事之徒前去争抢船棺的木材，并制作成佩饰，闻着会发出淡淡的香气。曾凡、杨启成、傅尚节《关于武夷山船棺葬的调查和初步研究》仍然接触到“船棺”的实物，“敲之清响，嗅之微香”，与古籍的记载一致。

康熙三十七年（1698 年），浙西词派的代表人物朱彝尊和被称为“清初六家”之一的诗人查慎行一起入闽，到武夷山时，一位叫潘在东的秀才给他们两人各赠了一片虹桥板（也可能是“船棺”）的木片。潘在东本来也是买来收藏的。朱彝尊和查慎行得到如此贵重的礼物后，各写了一首诗。

> 潘生赠我虹桥板，云此购得从仙山。
> 幔亭宴罢桥忽断，此木庋在万仞之孱颜。
> ……
> （查慎行诗）

虹桥板，可望不可即。

绝壁深藏太古色，日炙不黄雨淋不黑。

洪流不漂土不蚀，百虫将军焚不得。

……

（朱彝尊诗）

与朱彝尊同时的王士禛在《池北偶谈·谈异二·虹桥板》谈道：福州的售书市场出现虹桥板一片，颜色黝黑而泛发光泽，纹理坚硬像栗木，敲击的声音清脆悠扬，适合制作琴瑟，听说产自武夷山中，不能分辨是哪种木材。

架壑船棺、虹桥板，究竟是什么木材，来自什么年代？现代科技，终于给出了答案，资料显示：“1973 年和 1978 年，福建省博物馆、厦门大学历史系和崇安县文化馆等单位，先后发现了两具（船棺）。前者取自武夷山观音岩，船棺下面还有垫板，……年代鉴定为 3370—4198 年；后者则在武夷山白岩发现，下面没用垫板，……距今亦在 3300—3600 年。”另一份资料可互相补充着看：“1973 年 9 月，在武夷山观音岩崖洞取下船棺一具，称‘一号船棺’，现存武夷山市博物馆。经碳 14 测定，这具船棺已历时 3800 多年。1978 年 9 月，在白云岩取下另一具船棺，棺内尸骸上下盖垫人字纹竹席，竹席下用木棒和竹片作‘册’字形垫托，头部两侧填塞细棕，身穿大麻、苎麻、丝绢棉布衣。这具船棺距今 3400 多年。二具船棺的棺木都是用武夷山生长的楠木制成。”

按时代推算，武夷山的船棺已经是上古时代的了，那时，传说中舜禅让，禹治水，而这些船棺的主人，就是朱子所说的“武夷君”了。

古越人把死者的尸骸放在独木舟式的棺材中，选择靠近溪流的岩穴，安置进去。这些棺材，历经漫漫时光，后人以为是仙人的遗留，故而称仙船。船棺外形分两类：一类为两头翘起如船形；一类方形其状如盒，俗称“函”。

架壑船棺搁置在悬崖上的洞穴中，多是把尾部放置在洞穴内，棺头露在洞穴之外。为了把船棺放入岩穴，或为了支撑船棺重量，或为了稳定船棺不致坠入溪谷，在进行棺葬时，要架设栈道抬棺进洞，并把一些不易腐烂的楠木板插进洞穴，然后在楠木板外露洞穴之处横搁楠木。那些悬岩之上形成栈桥状的楠木、那些横搁竖插的楠木、那些支架船棺的楠木被称为“虹桥板”。

时代久远，古越人船棺中的尸骸已不能称尸骸，被赋予了“仙蜕”之名。那么船棺中的仙蜕，是一直存放在船棺中吗？

> 经过一定的时间，尸体变成枯骨，再行取出，装入特制小匣或陶罐中，移藏山洞里，和以前的亲族骨坛放在一起。并于葬处之旁凿石龛，安置死者的木雕偶像，穿着生前所着衣服，称之曰“鬼堂”，或叫作“亲家殿”，有栏杆、窗板、门槛之类，以资围护，如上所述的葬式，曾广泛地分布在四川、云南、贵州、湖南、广西、江西、福建、浙江等地。按武夷蜕骨岩洞中，有四柱楼一所，列置蜕函。函中遗蜕，皆质小而色红。又按嘉靖《建宁府志》卷三《山川》所载：“阑干山，在建阳县崇文里（今将口），与武夷山相连属，山半有石室，可容五六十人。其下古木周列，如阑干然。”这里所说的石室，或者就是“亲家殿”之类。
>
> ——朱维幹《福建史稿》

将口的阑干山与武夷山相连，那么，是否也意味着船棺葬法与虹桥板的设置基本相同。

从阑干山的得名来推测：阑干有两个意思，其一是纵横错落，如星斗阑干；其二就是栏杆之意。阑干山的阑干取第二个义项。

明朝嘉靖年间的《建宁府志》说山下“古木周列”，因为高高低低的树木像阑干所以叫阑干山。但是，更早的南朝萧子开的《建安记》就是另一种解读了：“阑干山，南与武夷山相对，半岩有石室，可容六千人，岩口有木栏杆，飞阁楼道。远望石室中，隐隐有床帐案几之属，岩石间悉生古柏，悬棺仙葬，多类武夷。”萧子开说：半山有石室，石室的入口处设置有木栏杆，并且山间有阁楼和天桥相连。远望石室中，隐隐约约可以看到床铺、蚊帐、案几。岩石间长着古柏，有许多的船棺，很像武夷山。

“悬棺仙葬”——船棺；“木栏杆”“飞阁楼道”——虹桥板。

由此推断，阑干山实际上与武夷山的悬棺葬是一致的。

悬棺中的仙蜕往往会进行二次葬。将骨殖拾入小匣或陶罐或瓷缸——“骨函”中，再把骨函放到山洞或岩缝里，和亲族的骨坛摆到一起，还会放死者的木偶或雕像，穿着生前所着衣服。这种集体摆放骨坛的岩穴被称为“鬼堂”或“亲家殿”，防止野兽入侵或穴居，会有栏杆围护。

阑干山之名，正是源于悬棺葬。

仙骸的神力

随着古闽族的消失，越族迁入江淮。古闽族的历史如同仙踪一般，难以溯源。随着道教的兴起，神仙之说的流传，武夷山船棺及二次葬的习俗一直流传下来。

骨函和仙蜕一样，也分布在武夷山的岩洞间，比船棺的数量更多。

升真洞 5 函、张仙洞 1 函、真武洞 3 函、换骨岩 9 函等等，而董天工的《武夷山志》记载，仅仅金鸡洞，在万历年间，就见到 13 函："万历间，接

武夷九曲的岩崖

笋峰道士程应元，曾至金鸡洞中，云内藏楠木甚多。一长三丈，径尺余，上置仙蜕十三函，每函或颅骨数片，或胫骨一二茎，手骨一二节，皆裹以锦帕。一函则鹤骨，惟头及一足。又一舟，楠木刳成，长丈余，阔三尺许，内盛香末而细罗，洞中香灰累累成堆。”

还有一函是鹤的骨头，不知为何？与传说的“驾鹤西去”有关？也许骨函的葬法本身就与巫术、仙术有关。

这些骨函除了二次葬，还有的是因为船棺年久有坠落的，行善的人就捡拾起骨殖，用木匣等盛装，再送回崖壁洞穴中。

还有一类骨函，是盛放“羽化成仙”的道士的“仙蜕”。

武夷山是道教的第十六洞天——“真升化玄”洞天。

传说，“学仙者，当于天台注册，武夷换骨”。想要成仙，需要到天台山注册；得道后，在武夷山换骨；而后脱胎换骨成仙而去。因此，那些修炼的道士的尸骸，就被赋予了神奇的色彩。

董天工《武夷山志》对“升真洞”骨函记载：

大王峰之升真洞有瓷缸五，皆盛蜕骨，缸皆雷纹，其一在石窖。窖口反狭于缸，竟不知如何自入也。又有四船俯仰相覆，亦盛骨函。船皆圆木刳成，半枕于洞口。骨函二十有余，空者数函。乡人谓祷雨者取蜕骨下。易以新函返故处，而骨仍入旧函云。

这些骨函没有名姓，不知是哪些修行之人，但张仙岩中的两位道士——张垓、徐熙春的“仙蜕”，则是于史有据的。

张仙，据说是晋朝人，到武夷山修行，人们称他为张垓，在大王峰石穴中坐化，留下尸身不朽，背上有白点，手上有“杰”字；时代久远而变裸身，明万历间杨四知看他裸体的样子，恐亵渎神灵，为其塑身并设栏保护，一直到清朝末年还保持完好。

徐熙春，邵武人，原来是一位做买卖的商人，在邵武城南，遇到一位武夷山的道士，“遗赠五花草食之，由是绝粒”。徐熙春吃了五花草后辟谷，到武夷山中修炼，“遗蜕”一直不朽，在大王峰的壁崖间。徐熙春的“遗蜕”处被称为徐仙岩。

这些“仙蜕”就成了“神”。人们曾在张仙岩中的一个骨函里，看到一块木板，由是发现了一个曾经的“神迹”。因为，函中放置的木板上赫然写着：

> 嘉靖十三年，建阳崇泰里民自（大藏峰）金鸡洞请下祷雨，后置鸣鹤峰石洞中，康熙十九年移措于此。

嘉靖十三年（1534年），建阳区莒口镇的百姓因为干旱，从金鸡洞请了一函的仙蜕下山祷雨。后来归还时，放置到鸣鹤峰的石洞里。康熙十九年（1680年）移到了张仙岩。至少150年的时间里，莒口的老百姓是把这一骨函当成祷雨的神来看的。

1979年8月，当时还是崇安县，县里的考古工作者在鼓子峰西南壁的一个崖洞里发现四个骨函，并进行了详细的探查。岩洞深约2米，长10米左右，离地面高度21米。洞内有木板三块，其中两块凿有槽，另一块凿有孔。木板上摆四个骨函，大小一样，长37厘米，宽27厘米，高20.5厘米，每个骨盒内又套一小盒，长33厘米，宽22厘米，高17厘米。骨盒为杉木制成，外上油漆。其中一个已被破坏，三个尚完好，按摆列位置编为一、二、三号。《武夷胜迹——武夷山风景名胜区历史文化遗迹考》记载：

> 一号骨盒所盛骨头都是碎骨，包成四重，最里一重是草纸，二是

> 宣纸，三是麻布，最外一重为绢帕。宣纸上有毛笔书写的“封”“钦命”三个字。绢帕长75厘米，宽68厘米，上有毛笔书写文字，右边是“建阳县崇文里□□□帕壹方，伏愿萱亲增福寿□□□康宁”，左边是“嘉靖二十三年八月吉日焚香谨题”。绢帕虫蛀严重，破坏厉害，有五个字无法辨认。骨盒正面有文字，大多尚能辨认。
>
> 二号骨盒骨头包成三重，里重是宣纸，二重是麻布，外一重是绫帕。绫帕长约41厘米，宽37.5厘米，上有文字。右边是“建阳县崇文里信士王元贞喜拾绫帕壹幅，祈保幼男伯康星辰光显寿命延长”，左边是“嘉靖二十三年岁次甲辰八月吉日题”。盒内所盛的碎骨中有似檀香木的小木片两三片，故无虫蛀，绫帕保存完好。
>
> 三号骨盒的骨头包二重，里面是宣纸，外是麻布，都无字。包内有檀香木片，无虫蛀。[1]

鼓子峰的骨函，有文字的留存的，可以确定时间是嘉靖二十三年（1544年），文字中的“建阳县崇文里”，正是将口。将口镇区的王姓是大姓，文字中的信士名叫王元贞，正好姓王。更巧的是，崇文里正是阑干山所在地。

由于将口与武夷山相邻，所以，武夷山对“仙骸”神力的信仰也影响到周边的将口。其实，不只是将口，建阳很早就有到武夷山迎“仙蜕”祈祷的习俗。据明朝嘉靖版的《建阳县志》记载，宋代的建中靖国元年（1101年），建阳城区一带大旱，考亭的陈銮带领一批人到武夷山迎取魏王子骞的“仙骸”，到建阳的高山顶辟草建亭安放“仙骸”并祈祷降雨，“仙骸”显灵，不久雨就下足了。陈銮准备送“仙骸”回武夷，到芝山的山腰，

① 武夷山风景名胜区管理委员会、武夷山市地方志编纂委员会编：《武夷胜迹——武夷山风景名胜区历史文化遗迹考》，厦门：鹭江出版社，2013年，第172页。

又风雨大作，连续三天。陈銮于是开地建庵，挖地时，得到丹炉、瓶罂之类十多件，黑白棋子几十枚，于是，大家在庵中塑武夷山的十三真人像，并取名“会仙庵”。

附

魏王仙骸

县西三贵里。宋建中靖国元年夏大旱，祈祷无应。时寺丞陈銮率乡民诣武夷山，迎取魏王仙骸，在高山上划草建亭安奉祈祷，须臾雨足。后送仙骸归武夷，行至芝山腰，风雨大作，三日不得行。陈公乃就彼开地建庵以奉香火，掘得丹炉、瓶罂之类十余事，黑白棋子数十枚，众皆惊异，乃塑武夷十三真人像于内，扁曰“会仙庵”。

——嘉靖《建阳县志》

商周：湮没的辉煌

揭开神秘的阑干山的面纱后，了解了神秘的“仙骸”信仰后，我们可以推知，将口一带的古文化与武夷山的船棺在同一文化带。古闽人发展到商周时期，渐渐地在将口繁衍生息，很多向阳的小山头都留下了商周时代的文化遗存。

据《建阳文史资料》第九辑谢道华所撰的《建阳县古文化遗址》一文记录，建阳曾进行过三次大规模的文物普查，明确了建阳的古文化遗址分布状况。1982 年，第一次的大规模文物普查，发现古文化遗址 40 余处；1985 年，第二次文物普查，新发现古文化遗址 20 余处；1988 年 4 月，第三次文物普查，又发现古文化遗址近 60 处。三次大规模的普查，共发现古文化遗址 120 余处。此外，还发现近 200 处古文化遗址分布点。

建阳的古文化遗址大多分布在崇阳溪、麻阳溪、南浦溪和闽江三大支流之一的建溪上游河流两岸及其支系流域；遗址多数在低矮小山丘的向阳缓坡地带及现存村庄周围的山头，其中将口是文化遗址分布尤为密集的乡镇之一。

将口崇阳溪、芹溪流域分布着许多起伏的小山丘和较平坦的谷地，土地肥沃，物产丰富，为古人的生存提供了良好的渔猎和耕种环境。因此，将口的许多山麓，有文化遗址的留存。

以第二次全国地名普查的资料来考察，将口的古代遗址有 42 处。

有五点尤其值得注意。

其一，将口的古代 42 处遗址，其中商周的多达 37 处，汉代 3 处，魏晋南北朝 1 处，唐代 1 处。商周遗址的数量之多，令人惊叹。虽然湮没，但仍可窥当年的辉煌。

其二，汉代，城村的闽越王城是王城建制，余善闽北筑六城，城村的闽越王城是行政中心。

其三，晋代，建阳的行政中心在将口的固（故）县，因此，固县留下的一处文化遗址是两晋南北朝的墓葬群。这些墓葬群位于横塘村、固县上村仙奶山、鲤鱼埠、后门山半山腰，为相连的山包，分布面积达到 10 万平方米左右。

其四，新建村的平山遗址采集的陶器大多在城村的闽越王城遗址也有发现，具有典型的汉代风格，专家推断应为西汉前期闽越国时代的遗址。极有可能就是闽越王城的陶器生产基地。

其五，1985 年，将口清理了一座长达 52 米的唐代龙窑，是当时国内最长的唐窑。瓷器是生活用品，如此长的龙窑不论是生产还是销售都需要足够的人口支撑。由此，可以推断出当时匠人数量的众多、当地百姓聚居的密集。

将口的商周遗址有：将口村牛山遗址、将口村蝙蝠山遗址、将口村鸬鹚下遗址、杨香溪洲村王竹子遗址、将口村旗山遗址、回潭村连墩矿山旁山遗址、松柏埂村回厂岗遗址、底范村后门山遗址、东田村凤凰山遗址、东田村黄厝岗遗址、东田村马面窝遗址、东田村山头坑仔林遗址、芹口村傅屯后门山遗址、芹口村傅屯井历岗遗址、松柏埂村富布半月山遗址、横塘村固县下村横垱山遗址、横塘村固县下村后门山遗址、横塘村固县下村鲤鱼埠遗址、南台村后塘黄竹岗遗址、胡巷厝基前山遗址、胡巷后门山遗址、胡巷林头山遗址、回潭村豆夹坪遗址、回潭村黄爷子山遗址、回潭村蕨菜山遗址、回潭村苦井坑遗址、回潭村杉子山遗址、回潭村蛇口山遗址、回潭村洋后山遗址、回潭村圆山遗址、南台村后门山遗址、南台村翁家门遗址、石维村岐下垅西头遗址、松柏埂村马茶岭遗址、松柏埂村下尾岗遗址、西岸馒头山遗址、杨香村半月山遗址。出土石斧、砺石、石锛、石箭镞、穿孔石弋等；钵、尊、罐、甗等；青瓷、灰硬陶、黑衣陶、夹砂软陶等。陶器纹路较为丰富，有席纹、蓝纹、弦纹、绳纹、窗格纹、方格纹、曲折纹、栅篱纹、网格纹、云雷纹、棱形纹，或云雷纹与绳纹组合、蓖点和弦纹组合、弦纹和绳纹组合等。

汉代遗址有：新建村后门山遗址、新建村平山遗址、横塘村白地园遗址。

两晋南北朝遗址有：固县上村两晋南北朝墓葬群遗址，该遗址位于横塘村固县上村仙奶山、鲤鱼埠、后门山半山腰，为相连的山包。

唐代遗址有：将口唐窑遗址，此遗址 1991 年 3 月被列为第三批省级文物保护单位。

很遗憾的是，商周遗址尽管多达 37 处，但留下的实物不多，只能通过那些碎陶想象着当年闽人的“日出而作，日入而息”的远古时光。

附

建阳将口窑址

该窑址为一处不见于文献记载的古窑。坐落在建阳市将口镇将口村北约 1000 米处。

将口窑遗物分布在郭龙山和仙奶岗两处山埠，面积约 5500 平方米。窑址堆积层厚约 0.5 米—2 米。1978 年文物普查中发现。1985 年夏，省考古队对仙奶岗窑址进行了一次科学发掘，出土了一批唐代瓷器，并清理出一条长达 52 米的唐代龙窑，定名为一号窑。龙窑窑址中出土了大量的青瓷和窑具。瓷器胎质大多细腻纯净，多呈黄白或灰白色；釉色以青绿和青黄为主，颇有“千峰翠色”之感；少数为青灰色，瓷釉大多均匀，釉层普遍较厚，施釉往往不及底，部分器物采用了先进的釉下褐彩装饰和刻花装饰；装饰题材丰富，既有飞禽走兽，也有花卉草木等，形象古朴简练，多为随意之作。此外，瓷器或窑具上还有刻文字符号的，如“杨介炎”“毛”“丘”“余记”“吉利”等，当是窑工或作坊主的名字、姓氏或类似现代意义上的广告词，从中可窥见这一时期手工业生产中强烈的商品竞争意识，也从一个侧面反映了唐代商品经济的高度发展水平。

将口窑瓷器品类丰富，主要器形有日常用具碗、盘、碟、盆、钵、执壶、灯盏、罐、瓮、器盖等，此外，尚有酒盅、酒壶、花瓶、枕头、炭炉、水注等。碗类数量最多，约占总数的三分之二，可分深腹碗、浅腹碗、散口碗、撇口碗等等，口径大者达 16—17 厘米，小者 10 厘米左右，碗腹深者 8—9 厘米，浅者 3—4 厘米，盘类有深腹、浅腹和折腹等，口沿则分散口、撇口、葵花口等；大者口径 16—17 厘米，小者口径 11—12 厘米。盆是将口窑较有特色的产品之一，不仅出土数量很多，而且器形很大，口径一般都在 30 厘米以上，底径 12—13 厘米，深达 13—14 厘米；少数大盆上还有刻花装饰，器形虽大却不显笨拙。罐的数量虽不多，但种类却不少，既有大、小型之分，又有双面、四系之别，造型体态皆较丰满，充分体现了唐代以丰腴为美的时代风尚，大者口径约 15—16 厘米，底径约 12—13 厘米，最大腹径达 24 — 25 厘米，给人以古朴沉稳之感，盘口壶的数量也不多，但却独具特色，如其短流带绳索状耳的产品独见此窑。此类壶有大小型之分，但以大型器为主，口径达 17—18 厘米，高达 30 余厘米。执壶是将口窑中较常见的器形，器型有大小，大者口径 12—13 厘米，高 25—26 厘米，底径 9—10 厘米；小者口径 7—8 厘米，高 15—16 厘米，底径 6—7 厘米；器身一般无纹，少数在腹部施釉下褐彩装饰。器体丰满匀称，给人以悦目之感。此外，小水注、钵等造型较敦实，但憨而不笨，具有典型的时代风格。

将口唐窑遗址出土的器物无论在造型、釉色及装烧方法诸方面均与越窑系统的产品有相同或相近之处，受越窑的影响比较明显。将口窑一号龙窑长达52米以上，窑炉装烧量大，估计一窑可装烧数以千计甚至上万件产品。窑炉长，产量大，但火候也较难掌握，烧造技术要求很高。这种独特的烧窑技术在其他地区也是少见的。

因此，将口窑的窑工们为宋代大型窑炉的烧造奠定了雄厚的技术基础，为后人留下了宝贵的技术财富。将口唐窑的发掘，不仅在产品釉色、品类、质量、特征以及装饰手法等方面提供了具体、详尽的实物资料，而且在窑炉结构和装饰方法诸方面也得到了科学、详细的资料和数据。

为充分保护好这座千年古窑，1985年冬，建阳市文物部门组织力量在一号龙窑四周修筑了围墙，并在窑顶加盖顶棚。近年来，日本、美国、新加坡、马来西亚、新西兰、英国、西班牙等数十个国家和地区的专家、学者纷纷前往参观、考察。

——南平市文史资料第九辑《南平文物》

福地文化

——芹溪与砚山

道教设计者没有把洞天福地设计得太远离人间，也没有设计得太切近红尘。太遥远显得缥缈不现实，太切近又过于污浊俗气。那些佳山水的洞天福地，产兰草，长灵芝，藏矿石，既比较隐蔽，又可以接纳修行者，空气负氧离子含量高，灵芝可以服食，矿石可以炼丹。经过修行者的实践，洞天福地既是宜居宜养山水明丽的得道仙境，又是寻仙访道追求自然的旅客打卡地。“中土乃中华福地，人天最贵之国”“人身难得，中土难生”，古代道人对生于中国是满怀欣喜的，对山水家园是自信和骄傲的。洞天福地的确立，可以树立道士、苍生“乐生中国”“喜生中国”的情感，并上升为“常护国土”的深邃爱国之情。

闽北的洞天福地占 4 处，生民们在洞天福地的土地上，守住绿水青山，建设美好家园，打造金山银山。将口的芹溪（砚山）福地，显得与众不同。以某座山为洞天福地的，较为普遍，如恒山、华山、嵩山；以某一条溪水为洞天福地的很少，如若耶溪、泸水；同时以一条溪，又捆绑了一座名山的，芹溪（砚山），可谓绝无仅有。

不仅如此，砚山还有华子期炼丹的传说，孔子遗砚的典故，还有朱子《芹溪九曲》的棹歌。把儒和道融合，也可谓绝无仅有。

朱子在将口，还为一座山写下游记《百丈山记》，此文是古代散文名篇。朱子为将口的一条溪芹溪做九曲棹歌，为一座山百丈山做山水游记，同样绝无仅有。

洞天福地

每个人心中，都有诗和远方。

朱子特别喜欢佳山水。仁者乐山，智者乐水，山山水水不辞远。听说有风景佳处，就算迂回曲折几十里，朱子也一定想办法前往。朱子喜欢喝酒，出游的时候，带上一壶酒和一个大约可以装半升酒的古银杯，休息时，喝一杯酒，整天跋涉下来，不知疲倦。山中行走，林密山深，担心迷路。朱子最希望的是，用木板雕刻一幅立体的地图，山形水势一览无余。总的木板八片，可以折叠，大小、重量都适合携带出游。像移动的沙盘。只是很遗憾，最终，朱子的设想没有实现。

唐朝时，幽州人卢藏用有一位好朋友陈子昂，被迫害冤死狱中，卢藏用抚育陈子昂的遗孤，并撰写《陈子昂别传》，编辑《陈伯玉文集》。卢、陈二人的交情被称为“终始交”。

陈子昂才华横溢，考试的道路却并不一帆风顺。第二次到长安科考的他，又遭遇落第。长安放榜的时光是杏花开放的日子，满城春色，繁花似锦，怀才不遇的陈子昂落寞地在长安街头雪白的春光下行走，听见街头传来叫卖声：卖胡琴。胡琴看似普通，却要价百万。围观的人如潮水般涌来，也不乏豪贵挤在边上看热闹，就是没人出手买琴。陈子昂挤进人群，以千缗的价格买下。众目睽睽之下，陈子昂说他抚琴的水平非常高，明天他在长安的宣阳里举行品琴宴会，欢迎大家前来赴宴听琴。大家开始猜测买琴人，一时间，陈子昂的名字响彻长安。第二天大家到宣阳里，胡琴被摆在显著的位置。食客们一顿吃喝后，陈子昂说："我陈子昂是学者，写了上百卷的治国平天下的书，却不被人知，抚琴是工匠的事，怎么能花费心思?"陈子昂举起琴，一把摔碎，又把他写的文章分发给前来看热闹的客人。客人们以多点扩散的方式，再次在长安推广了一次陈子昂。真是，"一摔成名天下知"。

陈子昂到卢藏用的故乡幽州时，除了写"前不见古人"——《登幽州台歌》，还给卢藏用写了七首诗——《蓟丘览古赠卢居士藏用七首》。英雄惺惺相惜，命运却很不相同。卢藏用考中进士后，一直得不到上司的赏识，也没被安排岗位，于是写了一篇表达志向的《芳草赋》，跑到长安城郊的终南山去隐居，向道士学习练气、辟谷。皇帝到东都洛阳时，他又隐居在不远的嵩山。人们感觉到卢藏用的隐居有些蹊跷，似乎是选离皇帝近的地方隐居。事实上，唐朝皇帝大臣经常到终南山焚香寻道，在终南山隐居确实容易被皇帝发现，容易做官。于是，卢藏用被人们安了一个号，叫"随驾隐士"。

与陈子昂大张旗鼓地推销自己不同，卢藏用以隐居的方式来推销自己，这倒未尝不可，但由于晚年骄傲放纵，卢藏用把当年打造的隐士清高的人设给毁了。于是，就又有了一段故事。

大约在唐景云二年（711 年），卢藏用的另一位朋友司马承祯被征召到朝廷。不久，司马承祯要返回天台山。卢藏用指着终南山说："终南山大有妙处。"司马承祯缓缓地说："以在下看来，隐居终南山倒是当官的捷径。"

卢藏用和司马承祯的故事为中国文化贡献了一个成语——"终南捷径"。

司马承祯、卢藏用、陈子昂都是朋友，当时，他们三人与宋之问、王适、毕构、李白、孟浩然、王维、贺知章并称"仙宗十友"。他们"和而不同"，选择着适合自己的人生，但他们之间有个重要的同向文化符号，就是道教。贺知章、李白等八人又称“酒中八仙”，也是以“仙”冠名。因为唐代帝王姓李，道教是国教，所以天下的名士都成群结队去成仙了。李白就扬言“五岳寻仙不辞远，一生好入名山游”。

当神仙，需要一片好山水！司马承祯是唐代道教的首座，受过良好教育，道行高尚，尊为道教上清派第十二代、茅山宗第四代宗师，深受唐睿宗、武则天和唐玄宗三个皇帝的尊崇。于是，享有道教首座名号的司马承祯当仁不让地承担起指点天下名山的任务。

名山胜地，一直是神仙羽士们修道成真的神圣的世界。《山海经》中的“昆仑”，《庄子·逍遥游》曾描述的“姑射仙山”，《史记·封禅书》中的蓬莱、方丈、瀛洲等，都是理想中的仙界。东晋时期道教书籍《道迹经》就提出“五岳及名山皆有洞室”的观念。

到了唐代，道教的设计者有了足够的现实视野，可以“五岳寻仙”，可以遍访名山，他们不愿意因为把仙山设计得太遥远，成道的理想不容易实现而让人失望。他们逐渐抛弃了虚无缥缈的仙山，从现实中寻找风景胜地，产兰草、灵芝、矿石的山清水秀之地进入司马承祯的视野。

于是，他以宏阔的视野，绘制出一幅道教地理的地图，是为《上清天地宫府图经》。这一图经是“洞天福地”系统化记录的标志，第一次明确了中国道教的十大洞天、三十六小洞天、七十二福地。

司马承祯的“图经”，就是朱子心心念念的山水地图。

如果仅仅是司马承祯绘制“图经”，打造一个洞天福地系统，也不一定能产生持续性的影响力，也许他的三十六洞天、七十二福地的说法很快就式微了。

江山代有才人出。唐末五代，一位推波助澜的道士出现了。他就是被当时人誉为“天下第一”的杜光庭。

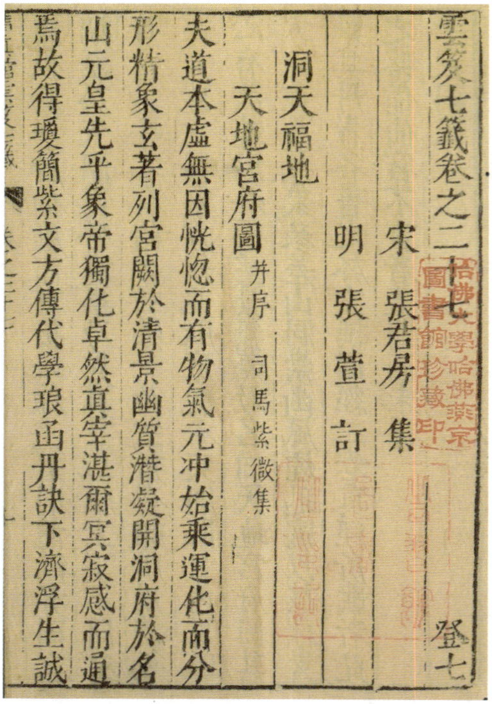

雲笈七籤卷之二十七　　登七

宋　張君房　集

明　張萱　訂

洞天福地

天地宮府圖　并序　　司馬紫微集

夫道本虛無因恍惚而有物氣元冲始乘運化而分形精象玄著列宮闕於清景幽質潜凝開洞府於名山元皇先乎象帝獨化卓然眞宰湛爾冥寂感而通焉故得瓊簡紫文方傳代學琅函丹訣下濟浮生誠

张君房《云笈七签》“洞天福地”书影

词林万叶，学海千寻；

扶宗立教，天下第一。

青少年时代的杜光庭，勤奋好学，博览群书，唐懿宗时期参加科举的明经科考试。

本来是个好好的读书人，还会写“小说”。《虬髯客传》就是杜光庭创作的唐代传奇的典范之作，传奇也就是小说的前身。《虬髯客传》的主线索是红拂私奔李靖，三个重要的人物形象是李靖、红拂、虬髯客，后世因称他们三人为“风尘三侠”。

杜光庭才华高，创作能力强，但是写传奇和考科举毕竟是两回事，杜光庭科举失败，于是弃儒入道，向天台山的道士应夷节学道术，成为司马承祯的五传弟子。研究儒学的高材生一进入道教体系，就发现了问题，他明显感觉到汉代的天师道及南北朝的陆修静编撰的道门科教，因为不断手抄口述，年岁久远，已经真假难辨，于是考订真伪，将道教的经典重新整理，很快脱颖而出。郑畋向朝廷推荐，僖宗召见，赐以紫服象简，充麟德殿文章应制，成为当时天下的道门领袖。中和元年（881 年），杜光庭跟随唐僖宗避难成都，受到当时身为“忠武八都”之一的前蜀高祖王建的赏识，王建让太子元膺拜杜光庭为老师。王建说：“汉朝有商山四皓，我只要一位杜先生就足够了。”

杜光庭的十大洞天与司马承祯的基本相同；

杜光庭的三十六小洞天与司马承祯的大体相同；

杜光庭的七十二福地的顺序和名称与司马承祯的大不相同，并且有的名称相同而地点不同，或者名称不同而地点相同。

也许，不同的道教流派，对“七十二福地”的说法并不一致。

张君房出场了。张君房生活在宋真宗时代，宋真宗是道教迷，张君房考中进士被宋真宗安排到道教古籍书房里整理资料，张君房工作十分认真，把四千五百六十五卷道书整理成套，这便是大型道教类书《云笈七签》。

张君房称编纂《云笈七签》的目的是“上以酬真宗皇帝委遇之恩，次以备皇帝陛下乙夜之览，下以裨文馆校雠之职，外此而少畅玄风耳”。张君房编书有报答宋真宗知遇之恩的意思，也给君王晚上休闲阅读，同时供馆阁文士编校书籍参考。《云笈七签》继承发扬了司马承祯的观点，其有关洞天福地的内容正是出自司马紫微集。

经过司马承祯、杜光庭、张君房三位与帝王有渊源的博学的道家宗师整理，中国的洞天福地理论正式确立。“洞天福地”包括十大洞天、三十六小洞天、七十二福地，共计118处。

道家的每一处洞天，每一处福地，都是经过认证的山水绝佳之境。

道教设计者没有把洞天福地设计得太远离人间，也没有设计得太切近红尘。太遥远显得缥缈不现实，太切近又过于污浊俗气。那些佳山水的洞天福地，产兰草，长灵芝，藏矿石，可以抵达，又比较隐蔽，空气负氧离子含量高，灵芝可以服食，矿石可以炼丹。经过修行者的实践，洞天福地既是宜居宜养、山水明丽的得道仙境，又是寻仙访道、追求自然的旅客的打卡地。“中土乃中华福地，人天最贵之国”“人身难得，中土难生”，古代道人对生于中国是满怀欣喜的，对山水家园是自信和骄傲的。洞天福地的确立，可以树立道士、苍生“乐生中国”“喜生中国”的情感，并上升为

“常护国土”的深邃爱国之情。

闽北有1洞天3福地。武夷山位列十六洞天，名曰“真升化玄天”。焦源山位列第十三福地，在宋时建州建阳县北十二里，是尹真人隐处，即今天的南平行政中心位置。政和县的洞宫山为第二十七福地，在宋时建州关隶镇（今政和县）五岭里。建阳的芹溪（砚山）为第三十一福地，在宋时建州建阳县东，是孔子遗砚之所。

将口的芹溪为福地之一，在道教的洞天福地中，一般以山为名，以水为名的不多。

附

论观山水

赵季仁谓余曰：“某平生有三愿：一愿识尽世间好人，二愿读尽世间好书，三愿看尽世间好山水。”余曰：“尽则安能？但身到处莫放过耳！”季仁因言：“朱文公每经行处，闻有佳山水，虽迂途数十里，必往游焉。携樽酒，一古银杯，大几容半升，时饮一杯，登览竟日，未尝厌倦。又尝欲以木作《华夷图》，刻山水凹凸之势。合木八片为之，以雌雄笋相入，可以折，度一人之力，足以负之，每出则以自随。后竟未能成。”

——〔宋〕罗大经《鹤林玉露》卷三

子昂碎琴

〔明〕冯梦龙

陈子昂初入京，不为人知。有卖胡琴者，以千缗市之。众惊问，曰：“余善此乐。”皆曰：“可得闻乎？”曰：“明日可集宣阳里。”如期偕往，则酒肴毕具，置胡琴于前。食毕，捧琴语曰：“蜀人陈子昂有文百轴，驰走京毂，不为人知，如此乐，贱工之役，岂宜留心。”举而碎之。以其文轴遍赠会者。一日之内，声溢京都。

——〔唐〕段成式《酉阳杂俎》

卢藏用传（节选）

（卢藏用）始隐山中时，有意当世，人目为“随驾隐士”。晚乃徇权利，务为骄纵，素节尽矣。司马承祯尝召至阙下，将还山，藏用指终南曰：“此中大有嘉处。”承祯徐曰：“以仆视之，仕宦之捷径耳。”藏用惭。

——《新唐书·卢藏用传》

十大洞天

太上曰：十大洞天者，处大地名山之间，是上天遣群仙统治之所。

第一王屋山洞。周回万里，号曰小有清虚之天。在洛阳、河阳两界，去王屋县六十里，属西城王君治之。

第二委羽山洞。周回万里，号曰大有空明之天。在台州黄严县，去县三十里，青童君治之。

第三西城山洞。周回三千里，号曰太玄总真之天。未详在所，《登真隐诀》云，疑终南太一山是，属上宰王君治之。

第四西玄山洞。周回三千里，号三元极真洞天。恐非人迹所及，莫知其所在。

第五青城山洞。周回二千里，名曰宝仙九室之洞天。在蜀州青城县，属青城丈人治之。

第六赤城山洞。周回三百里，名曰上清玉平之洞天。在台州唐兴县，属玄洲仙伯治之。

第七罗浮山洞。周回五百里，名曰朱明辉真之洞天。在循州博罗县，属青精先生治之。

第八句曲山洞。周回一百五十里，名曰金坛华阳之洞天。在润州句容县，属紫阳真人治之。

第九林屋山洞。周回四百里，号曰尤神幽虚之洞天。在洞庭湖口，属北岳真人治之。

第十括苍山洞。周回三百里，号曰成德隐玄之洞天。在处州乐安县，属北海公涓子治之。

——〔宋〕张君房《云笈七签》卷二十七

三十六小洞天

太上曰：其次三十六小洞天。在诸名山之中，亦上仙所统治之处也。

第一霍桐山洞。周回三千里，名霍林洞天。在福州长溪县，属仙人王纬玄治之。

第二东岳太山洞。周回一千里，名曰蓬玄洞天。在兖州乾封县，属山图公子治之。

第三南岳衡山洞。周回七百里，名曰硃陵洞天。在衡州衡山县，仙人石长生治之。

第四西岳华山洞。周回三百里，名曰总仙洞天。在华州华阴县，真人惠车子主之。

第五北岳常山洞。周回三千里，号曰总玄洞天。在恒州常山曲阳县，真人郑子真治之。

第六中岳嵩山洞。周回三千里，名曰司马洞天。在东都登封县，仙人郑云山治之。

第七峨眉山洞。周回三百里，名曰虚陵洞天。在嘉州峨嵋县，真人唐览治之。

第八庐山洞。周回一百八十里，名曰洞灵真天。在江州德安县，真人周正时治之。

第九四明山洞。周回一百八十里，名曰丹山赤水天。在越州上虞县，真人刁道林治之。

第十会稽山洞。周回三百五十里，名曰极玄大元天。在越州山阴县镜湖中，仙人郭华治之。

第十一太白山洞。周回五百里，名曰玄德洞天。在京兆府长安县，连终南山，仙人张季连治之。

第十二西山洞。周回三百里，名曰天柱宝极玄天。在洪州南昌县，真人唐公成治之。

第十三小沩山洞。周回三百里，名曰好生玄上天。在潭州澧陵县，仙人花丘林治之。

第十四潜山洞。周回八十里，名曰天柱司玄天。在舒州怀宁县，仙人稷丘子治之。

第十五鬼谷山洞。周回七十里，名曰贵玄司真天。在信州贵溪县，真人崔文子治之。

第十六武夷山洞。周回一百二十里，名曰真升化玄天。在建州建阳县，真人刘少公治之。

第十七玉笥山洞。周回一百二十里，名曰太玄法乐天。在吉州永新县，真人梁伯鸾主之。

第十八华盖山洞。周回四十里，名曰容成大玉天。在温州永嘉县，仙人羊公修治之。

第十九盖竹山洞。周回八十里，名曰长耀宝光天。在台州黄严县，属仙人商丘子治之。

溪源，云谷山的山地马拉松赛道

第二十都峤山洞。周回一百八十里，名曰宝玄洞天。在容州普宁县，仙人刘根治之。

第二十一白石山洞。周回七十里，名曰秀乐长真天。在郁林州南海之南也，又云和州含山县，是白真人治之。

第二十二岣嵝山洞。周回四十里，名曰玉阙宝圭天。在容州北流县，属仙人饯真人治之。

第二十三九嶷山洞。周回三千里，名曰朝真太虚天。在道州延唐县，仙人严真青治之。

第二十四洞阳山洞。周回一百五十里，名曰洞阳隐观天。在潭州长沙县，刘真人治之。

第二十五幕阜山洞。周回一百八十里，名曰玄真太元天。在鄂州唐年县，属陈真人治之。

第二十六大酉山洞。周回一百里，名曰大酉华妙天。去辰州七十里，尹真人治之。

第二十七金庭山洞。周回三百里，名曰金庭崇妙天。在越州剡县，属赵仙伯治之。

第二十八麻姑山洞。周回一百五十里，名曰丹霞天。在抚州南城县，属王真人治之。

第二十九仙都山洞。周回三百里，名曰仙都祈仙天。在处州缙云县，属赵真人治之。

第三十青田山洞。周回四十五里，名曰青田大鹤天。在处州青田县，属傅真人治之。

第三十一钟山洞。周回一百里，名曰朱日太生天。在润州上元县，属龚真人治之。

第三十二良常山洞。周回三十里，名良常放命洞天。在润州句容县，属李真人治之。

第三十三紫盖山洞。周回八十里，名紫玄洞照天。在荆州常阳县，属公羽真人治之。

第三十四天目山洞。周回一百里，名曰天盖涤玄天。在杭州余杭县，属姜真人治之。

第三十五桃源山洞。周回七十里，名曰白马玄光天。在玄州武陵县，属谢真人治之。

第三十六金华山洞。周回五十里，名曰金华洞元天。在婺州金华县，属戴真人治之。

——〔宋〕张君房《云笈七签》卷二十七

七十二福地

第一地肺山。在江宁府句容县界，昔陶隐居幽栖之处，真人谢允治之。

第二盖竹山。在衢州仙都县，真人施存治之。

第三仙磕山。在温州梁城县十五里，近白溪草市，真人张重华治之。

第四东仙源。在台州黄岩县，属地仙刘奉林治之。

第五西仙源。亦在台州黄岩县峤岭一百二十里，属地仙张兆期治之。

第六南田山。在东海东，舟船往来可到，属刘真人治之。

第七玉溜山。在东海，近蓬莱岛，上多真仙居之，属地仙许迈治之。

第八清屿山。在东海之西，与扶桑相接，真人刘子光治之。

第九郁木洞。在玉笥山南，是萧子云侍郎隐处，至今阴雨犹闻丝竹之音，往往樵人遇之，属地仙赤鲁班主之。

第十丹霞洞。在麻姑山，是蔡经真人得道之处，至今雨夜多闻钟磬之声，属蔡真人治之。

第十一君山。在洞庭青草湖中，属地仙侯生所治。

第十二大若岩。在温州永嘉县东一百二十里，属地仙李方回治之。

第十三焦源。在建州建阳县北，是尹真人隐处。

第十四灵墟。在台州唐兴县北，是白云先生隐处。

第十五沃州。在越州剡县南，属真人方明所治之。

第十六天姥岑。在剡县南，属真人魏显仁治之。

第十七若耶溪。在越州会稽县南，属真人山世远所治之。

第十八金庭山。在庐州巢县，别名紫微山，属马仙人治之。

第十九清远山。在广州清远县，属阴真人治之。

第二十安山。在交州北，安期先生隐处，属先生治之。

第二十一马岭山。在郴州郭内水东，苏耽隐处，属真人力牧主之。

第二十二鹅羊山。在潭州长沙县，娄驾先生所隐处。

第二十三洞真墟。在潭州长沙县，西岳真人韩终所治之处。

第二十四青玉坛。在南岳祝融峰西，青乌公治之。

第二十五光天坛。在衡岳西源头，凤真人所治之处。

第二十六洞灵源。在南岳招仙观西，邓先生所隐地也。

第二十七洞宫山。在建州关隶镇五岭里，黄山公主之。

第二十八陶山。在温州安国县，陶先生曾隐居此处。

第二十九三皇井。在温州横阳县，真人鲍察所治处。

第三十烂柯山。在衢州信安县，王质先生隐处。

第三十一勒溪[1]。在建州建阳县东，是孔子遗砚之所。

第三十二龙虎山。在信州贵溪县，仙人张巨君主之。

第三十三灵山。在信州上饶县北，墨真人治之。

第三十四泉源。在罗浮山中，仙人华子期治之。

第三十五金精山。在虔州虔化县，仇季子治之。

第三十六阁皂山。在吉州新淦县，郭真人所治处。

第三十七始丰山。在洪州丰城县，尹真人所治之地。

第三十八逍遥山。在洪州南昌县，徐真人治之地。

第三十九东白源。在洪州新吴县东，刘仙人所治之地。

第四十钵池山。在楚州，王乔得道之处。

第四十一论山。在润州丹徒县，是终真人治之。

第四十二毛公坛。在苏州长洲县，属庄仙人修道之所。

第四十三鸡笼山。在和州历阳县，属郭真人治之。

第四十四桐柏山。在唐州桐柏县，属李仙君所治之处。

第四十五平都山。在忠州，是阴真君上升之处。

第四十六绿萝山。在朗州武陵县，接桃源界。

第四十七虎溪山。在江州南彭泽县，是五柳先生隐处。

第四十八彰龙山。在潭州澧陵县北，属臧先生治之。

第四十九抱福山。在连州连山县，属范真人所治处。

第五十大面山。在益州成都县，属仙人柏成子治之。

第五十一元晨山。在江州都昌县，孙真人安期生治之。

---

① 按，“勒溪”为“芹溪”之误也。

第五十二马蹄山。在饶州鄱阳县，真人子州所治之处。

第五十三德山。在朗州武陵县，仙人张巨君治之。

第五十四高溪蓝水山。在雍州蓝田县，并太上所游处。

第五十五蓝水。在西都蓝田县，属地仙张兆期所治之处。

第五十六玉峰。在西都京兆县，属仙人柏户治之。

第五十七天柱山。在杭州于潜县，属地仙王伯元治之。

第五十八商谷山。在商州，是四皓仙人隐处。

第五十九张公洞。在常州宜兴县，真人康桑治之。

第六十司马悔山。在台州天台山，此是李明仙人所治处。

第六十一长在山。在齐州长山县，是毛真人治之。

第六十二中条山。在河中府虞乡县管，是赵仙人治处。

第六十三蒌湖鱼澄洞。在西古姚州，始皇先生曾隐此处。

第六十四绵竹山。在汉州绵竹县，是琼华夫人治之。

第六十五泸水。在西梁州，是仙人安公治之。

第六十六甘山。在黔南，是宁真人治处。

第六十七瑰山。在汉州，是赤须先生治之。

第六十八金城山。在古限戍，又云石戍，是石真人所治之处。

第六十九云山。在邵州武刚县，属仙人卢生治之。

第七十北邙山。在东都洛阳县，属魏真人治之。

第七十一卢山。在福州连江县，属谢真人治之。

第七十二东海山。在海州东二十五里，属王真人治之。

——〔宋〕张君房《云笈七签》卷二十七

子期一去无消息

汉朝初年的某一天，高祖刘邦举行一场宴会。

太子刘盈赴席，他的身后跟随着四位非常特别的人，80 多岁，气度非凡，须眉皓白。四人都是秦朝的博士。学识渊博的秦朝博士只有区区 70 人，他们不仅是学者，还有权利参政议政——参与廷议，直接进入顶层设计。秦始皇设计出的“焚书坑儒”暴政引发四人的强烈不满，于是，他们隐居到商洛的山中，人称“商山四皓”。

刘邦大吃一惊，他早就想请商山四皓出山，但屡次聘请屡次被拒。当四皓出现在太子身边的时候，刘邦已经知道，太子的羽翼丰满了。刘邦断绝了废除太子的念头。

原来，刘邦在汉中称王时，得到一位绝世美人，名唤戚夫人。戚夫人貌若天仙，歌舞俱佳，弹琴鼓瑟，跳“翘袖折腰”的舞。戚夫人随刘邦征战四年，沙场征战苦，能歌善舞的戚夫人慰藉了刘邦无数的苦闷。二人育有一子，机灵聪慧，刘邦给孩子取名如意。刘邦称帝后，立发妻吕雉为皇后，立吕后所生之子刘盈为太子；封戚妃为夫人，封刘如意为赵王。刘邦宠爱戚夫人和刘如意，看到刘如意有自己的英雄气，便起了废除太子的念头。

在吕后的运作下，“运筹帷幄之中，决胜千里之外”的张良出马，入商山寻找四皓，于是就有了商山四皓出山随侍太子赴宴的一幕。

商山四皓的出场站台，使刘盈的太子之位岿然不动。后来，刘盈成了皇帝，是为汉惠帝。登基时只有16岁。吕后专权，刘如意被杀；戚夫人的双手双足被砍去，眼睛被挖出，耳朵被烟熏聋，还被强迫喝下哑药。扔到猪圈里的戚夫人被取了一个令人毛骨悚然的名称——“人彘”。

刘盈即位后，商山四皓辞别长安，归隐山林，逍遥云霓去了。商山四皓在历史上出场的时间很短，就一年多，出场的作用就是稳固太子的地位。等刘盈根基一稳，他们就消失在众人的视野中，开启了被后人神化的进程。

商山四皓的其中一位叫甪里先生。

甪里先生，辅佐太子刘盈的奇人，除了秦朝博士的身份外，还有一个身份，就是得道成仙的仙人。甪里先生修行时，来了一位追随者，名唤华子期。华子期是九江人，从小喜欢仙道，入山隐居，经常服用一些草药，在树林里居住了二十多年。直到有一天遇到甪里先生。甪里先生给华子期传授“仙隐灵宝方”。“仙隐灵宝方”涵盖了三种仙术，分别是“河图隐存符”“伊洛飞龟”“平衡”。华子期修行“仙隐灵宝方”，服食丹药，终于在得道成仙的道路上狂飙突进了。

华子期得道后的一千多年，将口镇东田村的砚山脚下，芹溪河段处，碧水如带，一艘小船正缓缓溯流而上，划出水面波光粼粼。

朱子伫立船头，只见溪畔绿野连绵，不远的砚山巍然耸立，行舟至芹溪第五曲。砚山松涛阵阵，风起云涌处，一座红褐色的仙亭隐隐露出飞檐。那座仙亭已经兴废千载，但故事一直都在传唱。他们说，华子期曾在砚山修炼得道，飞升而去。砚山的仙亭边上，丹灶仿佛还在冒着炼丹的青烟。朱子对华子期在砚山炼丹得道的传说也深信不疑。只是遗憾，华子期得道之后，再也没有消息。朱子无可奈何地叹息一句：“子期一去无消息，惟有乔松万古青。”

华子期得道后，也得到了白鹤，于是跨上白鹤乘风飞升而去，“炼就金丹乘鹤去，药炉烟冷未归来”。华子期拥有仙鹤如此便利的交通工具，经常飘来飘去，凡夫俗子想到骑着仙鹤飘来飘去的华子期，就给斯山斯水加上华子期的名号，使山川充盈着仙气。

浦城就有华子期的遗存，而且是一系列的遗存。一座山叫子期山；山下的潭叫子期潭；潭中、溪畔各有一块岩石则叫子期岩；潭北有一片沙洲称子期限。子期山靠近河边有一片岩石的平台，平台上长着一块像鼓一样的石块，称石鼓。只要石鼓鸣响，就意味着修行成功。一天，华子期敲击石鼓，果然发出“硿硿”的鸣叫声。华子期大功告成，成仙而去。宋代的浦城人周因，绍圣四年（1097 年）进士，他写的《子期岩》诗，说的正是此事：“闻得当年华子期，闲敲石鼓动人时。云闲却笠人何在？不见临流别世诗。”

神龙从来都是见首不见尾，华子期修行、得道、成神的传说远不止一两处。

安徽淮南市凤台双峰山东南面的峭壁上有个天然的山洞，人称茅仙洞，是道教茅山派的祖师三茅真君修行道术的山洞，故名。茅山法的创始人就是三茅真君。茅仙洞的前身正是华子期修行的洞窟。因此，茅仙洞之前叫子期洞。如今茅仙洞清天观是安徽的重点道观、淮南市重点文物保护单位。

安徽天柱山有一个别名，叫潜山，潜山是道教的三十六洞天之一的“天柱司玄天”，管理潜山的是仙人是稷丘子。稷丘子有一位学生正是甪里先生。在潜山，甪里先生实现了由儒家的博士向道家的仙士的转型。甪里先生学到了“化黄金法”，其实就是炼丹术。道家认为：“炼制金丹，烧得越久，变化越神奇；把黄金投入火中烧炼，怎么烧都不变色，所谓‘真金不怕火炼’；把黄金埋入土中，永远不会朽坏；如果黄金、丹药来强健人的身体，可以不老不死。”甪里先生又在潜山向华子期传授“仙隐灵宝方”，华子期得道后，白天就在潜山飞升而去。潜山洞天经过稷丘子、甪里先生、华子期三代传承，形成了一套有序的仙道系统。

骑着白鹤飞来飞去的华子期终归要有个去处。在三十六洞天七十二福地中，华子期掌管第三十四福地。“第三十四泉源。在罗浮山中，仙人华子期治之”。罗浮山在广东的博罗县。除了子期山、子期洞的仙迹遗留，与华子期有关的还有两处华子冈。

眼光投向江西，华子期到江西来了。

江西，抚州，南城，麻姑山。

麻姑，是一位道教女神，女神十八九岁的样子，气质好，容貌佳，光彩耀目，不可名状。别人问她真实年龄，她只是笑笑着说她已经看到东海三次变成桑田了。汉语词汇中的“沧桑”——“沧海桑田”正是出自麻姑之口。麻姑的手长得不好看，像鸟爪，特别适合搔痒，比如意（痒痒挠）更好用。农历三月初三，西王母过生日，麻姑到绛珠河边用灵芝酿酒给王母祝寿。“麻姑献寿”的故事一直流传下来。抚州南城的麻姑山特别与众不同，在道教的三十六洞天、七十二福地中，既是洞天，又是福地。为道教三十六洞天的第二十八洞天——丹霞洞天；道教七十二福地的第十福地——丹霞洞。大历三年（768 年），中国四大书法家之一的颜真卿到抚州担任刺史。来到南城的麻姑山山顶，看到麻姑得道成仙的石台（仙坛），石台的东南面有一片池塘，池塘中开着的红莲花在那段时光变成了碧莲花，颜真卿上山时又变成了白莲花。颜真卿游览麻姑山后，撰文立碑，此碑便是流传千古的《麻姑仙坛记》，《麻姑仙坛记》是颜楷最具标志性的代表作。麻姑台的北面是麻源。麻源有三座的山谷，第一为麻姑山南涧，第二为麻姑山北涧，第三就是华子冈。

用华子冈来命名的山，还有一座在西安，与王维有关。

王维很有佛性，从他的字“摩诘”就可以看得出来。摩诘本来就是佛陀的俗家弟子。有佛性的王维大约在 40 岁以后就开始过着一种亦官亦隐的生活。

最初，王维给自己整了一处远离红尘的工作室——长安南郊的终南山辋川别业。后来，想离得红尘更远一点，就到蓝田的辋川买下初唐诗人宋之问的故居，构建起一处诗人的净土——辋川别业。辋川是秦岭北麓一个从东南到西北走向的峪道，全长 11 公里，宽 200 米—500 米，据说是秦岭七十二峪中最宽最平的一个。

王维颜值非常高，才华横溢，甚至深得公主的恩宠。但王维的朋友并不多，在辋川，倒有一个念念不忘的裴迪。裴迪比王维小十五六岁，两人交往长达二十多年。王维留存的诗歌，与裴迪赠答或同咏的达 30 多首。《全唐诗》收裴迪诗 29 首，基本上都与王维有关。

王维把辋川打造成一处可以沉浸式体验的精神家园，以“诗中有画、画中有诗”的诗情画意打造出二十处风景名胜。孟城坳、华子冈、文杏馆、斤竹岭、鹿柴、木兰柴、茱萸沜、宫槐陌、临湖亭、南垞、欹湖、柳浪、栾家濑、金屑泉、白石滩、北垞、竹里馆、辛夷坞、漆园、椒园……王维与裴迪各自在每一处景物写一首诗，其中第二首，正是《华子冈》。王维诗《华子冈》：“飞鸟去不穷，连山复秋色。上下华子冈，惆怅情何极。”裴迪诗《华子冈》：“日落松风起，还家草露晞。云光侵履迹，山翠拂人衣。”“华子冈”就是因华子期隐居修炼而得名。王维存世的唯一山水散文，也是写给裴迪的，题为《山中与裴秀才迪书》，其中几句如下：

> 北涉玄灞，清月映郭。夜登华子冈，辋水沦涟，与月上下。寒山远火，明灭林外。

华子冈不高，王维借着夜色登上山，看到水面的月光闪耀，看到山中林外的烟火……

华子期，或者在潜山学道，或者在蓝田修行，或隐居麻姑山，或掌管罗浮山……山山水水，仙踪无数。然而，华子期的修行处，最有文脉的还是将口的芹溪以及芹溪萦绕的砚山。砚山，孤峰耸峙，有孔子遗留的砚台；芹溪，九曲潺潺，有朱子的《芹溪棹歌》。“东周出孔丘，南宋有朱熹”，砚山与芹溪，把中国古文化的两位代表性大儒——“北孔南朱”都纳到了同一舞台！朱子说“子期一去无消息”，华子期得道成仙离开砚山了，那孔子的砚台还能找到吗？

附

华子期

华子期者，九江人也。少好仙道，入山隐迹，采服草药，栖身林阜二十余年。忽遇角里先生，乃授之《仙隐灵宝方》：一曰“河图隐存符”，二曰“伊洛飞龟”，三曰“平衡”。案合服之，日更少壮，色如少女，一日行五百里，能举千斤，一岁十易皮。乃入潜山中，而白日升天矣。

——《太上洞玄灵宝五符序》

浦城子期山

子期山，在县西南二十五里。

子期山乃溪畔小石峰也，四面岩峦峭拔，昔秦汉之间有仙人华子期曾师商山四皓，后居此山，山因名之。

子期山，子期修炼于溪浒之台，有神鼓鸣，君行满矣。子期一日扣石，石铿然有声，遂仙去。

华子期（省志作子明）师角里先生，修炼子期山。临溪有子期台，神人指台前石，语之曰：“待此石鼓鸣，汝功行满矣。”一日，扣之有声，乃入株林山，却笠而坐。俄顷，云生，腾去。

——道光《浦城县志·仙释》

株林山

株林山，在浦城县南孝悌里，峰峦起伏，林木森秀，上有却笠岭，相传汉华子期得道至此，却笠而坐，腾空以去。与株林相属者为子期山，子期修炼于溪浒之台，有神语之曰："台前石鼓鸣，君行满矣。"子期一日扣石，石铿然有声，遂仙去。

——乾隆《福建通志》卷四

黄　白

角里先生从稷丘子所授化黄金法：先以矾水石二分，内铁器中，加炭火令沸，乃内汞多少自在，搅令相得，六七沸，注地上成白银。乃取丹砂水、曾青水各一分，雄黄水二分……

——〔晋〕葛洪《抱朴子》内篇《黄白》

华子冈

华子冈，在府城西一十五里，麻姑山第三谷，相传华子期者，角里弟子，得仙翔集于此，故名。宋谢灵运诗"铜陵映碧涧，石磴泻红泉"，指此冈也。

——《大明一统志》卷五十三

砚山·砚峰教寺

在洛田里，去城四十里而近。旧名夫子案山，或曰孔山，或曰汉华子期师角里先生处也。然山麓朱氏之族居焉，岂所谓夫子山者，固道南之先谶乎？山有石，端平如案。上有微黑点，隐隐若砚。又有方石傍立，名书厨。石下有芹溪，溪流九曲，环山若带。朱元晦尝作《九曲歌》，而记称砚山为“二十八福地”，且诗中有“隐仙亭”及“点检仙踪”等语，则知人间别洞天，恐武夷未能出其右也。中有砚峰教寺。

砚峰教寺，在洛田里。唐景福癸丑建，汉华子期修炼处。国朝康熙庚辰火，未建。

——康熙《建阳县志》

砚山，儒道同归

大禹为了治水，行走在天下的川渎间。一天，他路过太湖畔的牧德山，遇见一位神人，神人传授给他一部《灵宝五符》的宝书，可以帮助他降龙伏虎，治理水患。大禹得了《灵宝五符》后，治水降龙，完成了治水任务并把《灵宝五符》秘密地藏在洞庭包山（苞山）的洞穴之中。

康熙《建阳县志》中的砚峰寺

吴王阖闾十二年（前 503 年）孟春正月，一位叫龙威丈人的隐士得到此书并献给吴王阖闾。吴王让群臣看此书，没有人认得书上的文字。于是吴王派使者带着宝书去向孔子请教。孔子说：这是大禹治水时，神人授予大禹的《灵宝五符》。吴王惊叹不已。

《灵宝五符》也就是《仙隐灵宝方》，第一个通过修行《仙隐灵宝方》而得道成仙的是华子期。

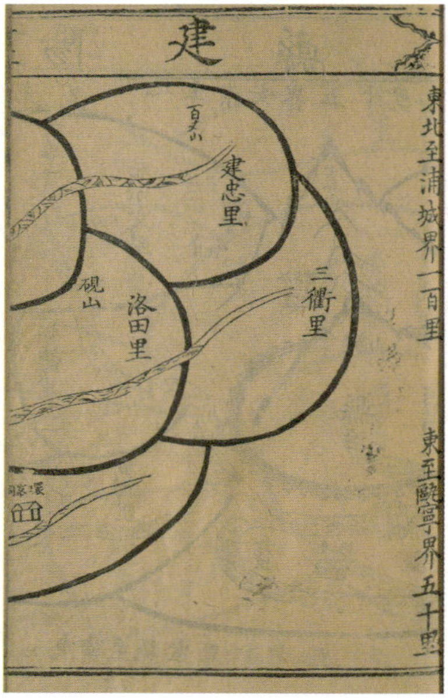

康熙《建阳县志》中的砚山

孔子解读了藏之于名山的无人能识的《灵宝五符》；华子期通过修行《灵宝五符》得道成仙。

一部《灵宝五符》把道家和儒家绾结到一起了。

将口东田村的砚山，就像一部《灵宝五符》，一样关联着孔子和华子期。

砚山，在将口镇东田村，山上有石块平平整整，就好像案桌一样，石案桌上有黑色的凹陷，像砚台。据说砚台是孔子遗落的。由案桌而取名“夫子案山”，由砚石而取名“砚山”。砚石有七个泉眼，泉眼中只一掬水，将水捧出，又会盈满。

孔子 55 岁开始周游列国，这位快退休的老人家，还揣着兼怀天下的梦想离开故土，四处寻求可以施展他政治抱负的诸侯国。

孔子首站到达卫国，被诬陷，于是往陈国方向逃跑，经过匡城的时候，因为鲁国的孔子长得很像鲁国的阳虎，阳虎曾经残暴欺负过匡城人。团结的匡城人把孔子一行围困起来，形成让他们“坐以待毙”的局势。弟子们

砚山文昌宫

非常着急，孔子很淡定，还说了一段豪言壮语："周文王死后，我就担当着周代礼乐文化的重担了，老天爷如果不想让这中国优秀的传统文化消失，那匡人能把我怎么样?"后来还是回到卫国。又因为一次乘车事件，孔子决定离开卫国。卫灵公邀请孔子出游，但是，他自己和漂亮又生性放荡的夫人南子同乘一辆车在前面，孔子乘第二辆车跟在后面。孔子说："我从没有见过追求高尚道德比追求绝色美人更主动积极的人了。"

孔子跑到曹国，不久又到宋国，和弟子在大树下排练礼乐。宋国的司马桓魋想杀孔子。动手之前，司马桓魋先来个下马威，把那棵树给拔倒了。孔子的弟子劝孔子赶紧跑，跑快点，孔子又来了一段豪言壮语："老天爷赋予我美好的品德，桓魋能把我怎么样?"

孔子又跑到郑国，可能是路途艰险，结果和弟子走散了，没有什么生活经验的他一个人孤零零地站在郑国的东门，子贡向路人打听老师的下落，问是否见过陌生人。对方回答：东门站着一个像丧家狗的老头可能是他。

古代，还是可以开圣贤玩笑的，不必端着供着。

孔子又去陈国、蔡国，并打算去楚国。陈国和蔡国的大夫们紧张起来，担心孔子被楚国任用，那么陈国、蔡国就危险了，于是派兵包围孔子。孔子被围困，断粮七天，学生全部饿倒饿病了。孔子这次没有豪言壮语，倒是慷慨激昂地演奏音乐。其实孔子心里有底，他派子贡到楚国求救了。楚昭王命令臣子带领军队解救孔子，将孔子迎到了楚国，而且打算给孔子一片封地——方圆七百里的土地和人口全归孔子。但楚昭王手下不同意，说楚国的祖先受周朝分封的土地不过五十里。如果孔子把封地做成试点，礼乐治国一套成功了，你楚昭王不还得俯首称臣，这不是楚国的福气。孔子离开楚国。非常奇怪的是，孔子整理《诗经》三百篇，有郑国的郑风、卫国的卫风……就偏偏没有楚国的楚风。

孔子又回到卫国。后来，鲁国的季康子觉得孔子和他的弟子确实是人才，就先请回冉有，再又送来厚礼召回孔子。孔子周游列国结束。

孔子周游列国十几年，辗转于卫、曹、宋、郑、陈、蔡、楚等地，这些诸侯国位于现在的河南、河北、山东的交界处。

孔子始终没到过福建。

于是，王士禛严重地怀疑道家在编故事。王士禛说：洞天福地最可笑的就是芹溪福地了。孔子有跨过吴国、越国到闽粤吗？道家的无稽之谈，让人笑得喷饭！

王士禛大可不必较真。

建阳是福地，道教七十二福地建阳占两个，除了孔子遗砚的砚山，还有一座是蕉源山。蕉源山是尹喜修炼之处。尹喜在道教中地位非常特别。没有尹喜就没有老子的《道德经》。老子的身份约等于是周王朝皇家图书馆馆长。因为周王朝的衰败，老子知道天命已无法改变，只好改变自己，于是，骑了一头青牛，离开朝廷，往函谷关而来。“老子出关”或说“老子骑青牛出关”的典故即源于此。把守函谷关的长官正好是尹喜。尹喜不是一般人，他看到东边的天空有一缕紫气飘来，那一定是有真人要西出函谷了。“紫气东来”的典故即源于此。尹喜下令，如果有骑青牛来的，不许通关，迅速禀报。不久，果然老子骑着青牛来了。尹喜把官印都带出来，毕恭毕敬地将老子迎入官舍，拜老子为师——尹喜已经打算不当官了。一段时间后，尹喜决定启动一项伟大的计划。他辞去官职，将老子接到自己的家中。尹喜住的地方叫楼观，在终南山边上。尹喜的伟大计划是请老子把思想写下来，惠泽后世。老子写下“道德五千言”传授给尹喜。从此，世间有了《道德经》。老子写下“道德五千言”后，就离开了，没有人知道老子去了哪里。之后，……传说尹喜来到了建阳的蕉源山。

砚山文昌宫

砚山，因孔子遗砚而得名，但确实没有一条证据可以证明孔子到过福建。蕉源山，因为尹喜修炼而得名，但确实没有一条证据可以证明尹喜到过建阳。不过，完全可以不必如此较真，山山水水，何妨留下些儒踪神迹呢？况且，《云笈七签》明确写着建阳两处福地：芹溪（砚山）、蕉源。

司马承祯、杜光庭、张君房三位道家顶级的道士不知道有没有思考过，三十六洞天、七十二福地摊到中国大地的幅员辽阔的版图上，并不算多。但是，闽北的武夷山市的武夷山洞天、建阳区的芹溪福地和蕉源山福地、政和县的洞宫山福地就占了四处，不可谓不密集。而建阳的芹溪、蕉源两处福地，直线距离就十公里左右，更令人讶异的是，一处福地和儒家的创始人孔子有关联；另一处和道家的创始人老子有关系——是司马承祯、杜光庭、张君房对建阳情有独钟吗？而砚山这座山，把儒家的圣人孔子和道家的仙人华子期，把道家的经典《灵宝五符》和儒家的"文房四宝"之一的砚台都联结在一起了。这些传说与故事把砚山装扮得半是仙家半是儒家，可谓儒道兼容，文士仙士同归。

附

灵宝五符

禹治洪水至牧德之山，见神人焉。谓禹曰：劳子之形，役子之虑，以治洪水，无乃怠乎？禹知其神人，再拜请诲。神人曰：我有灵宝五符，以役蛟龙水豹。子能得之，不日而就。因授禹，而诫之曰：事毕可秘之于灵山。禹成功后，乃藏之于洞庭包山之穴。至吴王阖闾之时，有龙威丈人得符献之。吴王以示群臣，皆莫能识。乃令赍符以问孔子。孔子曰：昔禹治水于牧德之山，遇神人以授灵宝五符，后藏于洞庭之包山。君王所得，无乃是乎？

——《古微书》卷三十二

道士无稽

司马子微记洞天福地否有主者，率荒唐可笑。最可笑者，如第三十勒溪（芹溪），在建州建阳县东，是孔子遗砚之所，夫"丹阳季子碑"世且疑之，如所言，则孔子又尝逾吴越游闽粤乎？道家之无稽如此，令人喷饭。

——〔清〕王士禛《居易录》

威怀庙记（节选）

〔宋〕蔡　模

淳祐癸卯季秋，威怀之南门成。冬十月，模诣建安书院，道过其下。仰瞻其扁，则“盖竹福地”四字，乃留耕侍郎王公（即王伯大，号留耕）之巨笔也。揖父老而问故，曰：“《图经》以此地为真人尹喜传道之所，故得嘉名。”

青牛度关

（周元极元年）冬十二月二十五日，老子度函谷关，关令尹喜先敕门吏曰：若有老翁从东来，乘青牛薄板车者，勿听过关。其日果见老翁乘青牛车求度关。关吏入白，喜曰：诺，道今来矣，我见圣人矣！即带印绶出迎，设弟子之礼。

——〔清〕陈厚耀《春秋战国异辞》卷二

尹　喜

尹喜，天水人，少好学，善天文秘纬，仰观俯察莫不洞彻，涉览山水于盩厔闻仙里，结草为楼以望气，后老子入关，迎至楼观，授道德五千言，告以通神变化之道，号文始先生。

——雍正《陕西通志》卷六十五

《红楼梦》中的芹溪

《红楼梦》第三回，写林黛玉初次进贾府。因为前世夙缘，所以，那天林黛玉一眼见到宝玉，就感觉好像见过，非常眼熟——“好生奇怪，倒像在那里见过一般，何等眼熟到如此！”宝玉看见林黛玉，则笑着说：“这个妹妹我曾见过的。”宝黛初见，《红楼梦》对两人的相貌有细致的描写，尤其是描写宝玉的外貌用了大量的篇幅，用上了一串形容女性才会使用的语句，诸如“鬓若刀裁，眉如墨画，面如桃瓣，目若秋波”“面如敷粉，唇若施脂”“天然一段风骚”“平生万种情思”……词句繁复，简直不嫌堆砌。尽管贾宝玉“外貌最是极好”，但是他“潦倒不通世务，愚顽怕读文章”。贾宝玉被定性为“怕读文章”。说来又奇怪，宝玉走近黛玉身边坐下，再细细打量林黛玉一番后，开口问的第一句话却是：“妹妹可曾读书？”林黛玉说：“不曾读书，只上过一

龙潭庙的联语

年学，些顺认得几个字。”因为黛玉没有取字，宝玉又给黛玉取了“颦颦”的字。探春便问“颦颦”的典故出处，并说宝玉杜撰。宝玉没有直接回答，而是笑着说：“除‘四书’外，杜撰的太多，偏只我是杜撰不成?”

到了第三十六回，《红楼梦》写贾宝玉被贾政一顿猛打后，身体渐渐康复，天天躲在大观园和女孩子们厮混，至于与士大夫的接谈，与官员之间的庆贺吊唁则统统不管，“日日只在园中游卧”，一个大男人，每每甘心给丫鬟们打下手，感觉良好，过得十分清闲。宝钗看不下去，找些机会劝导他，不劝导还罢，一劝导反而暴雷了。宝玉责骂宝钗说：“好好的一个清净洁白女儿，也学得钓名沽誉，入了国贼禄鬼之流。”宝玉生气的后果很严重，居然点一把火，把古书都烧了，但留下“四书”。

如果说宝玉是一个反抗的胚子，那么他与卫道的贾政在思想观点上肯定是有冲突的。但是，对于“四书”的尊崇，贾政与贾宝玉却有着惊人的一致。《红楼梦》的第九回，贾政叫了随侍宝玉的下人李贵前来，问李贵：你们成日家跟他上学，他到底念了些什么书！李贵回答说宝玉正在读第三本《诗经》，什么“呦呦鹿鸣，荷叶浮萍”。贾政说：哪怕再念三十本《诗经》，也都是掩耳偷铃，哄人而已。并让李贵到学堂告诉太爷：先把“四书”一气讲明背熟。

贾宝玉扬言天下的书都是杜撰，除“四书”外；贾宝玉烧了古人的书籍，单单留下“四书”；贾政还更“逆天”，把“不学《诗》，无以言”的圣人编修的《诗经》否定，直接介入学堂的教育教学，让宝玉学“四书”。

“怕读文章”的贾宝玉却赋予“四书”独一无二的地位，他认为其他书都肮脏不堪，都是前人的一派胡言，是杜撰，是沽名钓誉的产物，没有任何价值，就算焚毁，也在所不惜。

曹雪芹把贾宝玉塑造成“诮谤圣人经典”的混世魔王，一位抵制“仕途经济的学问”的混世魔王却把“四书”奉为圣典，这究竟是什么原因?

注意到《红楼梦》这个奇特现象的研究者很多，各有解读。一般的研究者，无论如何，也不会把一处道教福地与《红楼梦》关联起来的，无论如何不会把建阳的一条溪水和曹雪芹关联起来的。但是，不可思议，其中关联的密切程度，足以让人瞠目结舌。

"四书"是儒家最重要的经典著作，朱子注释"四书"，自我评价非常高，他说，"添一字不得，减一字不得"。《四书》极其严谨，每一个字都像是用秤称过，稳稳妥妥，注文中的每个字——"如秤上称来无异，不高些，不低些"。

曹雪芹和朱子在姓氏上有关联。

曹姓、朱姓同源。

朱姓出自周朝时期的邾国，邾国本来是曹姓所建。颛顼帝的玄孙陆终生有六子，其中第五子安被周武王封在邾国。邾国被灭后，安的子孙，一部分改姓朱，一部分改姓曹。朱姓来源的第一条就是"出自曹姓"。《新唐书·宰相世系》及《通志·氏族略》等书均说朱氏出自曹姓。

在朱子写《芹溪九曲棹歌》之前，芹溪之畔就已经是朱姓人家的聚居地了。唐末，曾有朱邦式与黄巢入闽军队作战，战死后封神的故事。所以康熙《建阳县志》的编者想到孔子遗砚，想到唐末朱姓聚居，再想到朱子将道学在南方发扬光大使闽北成为道南理窟，不由感叹地写道："砚山，然山麓朱氏之族居焉，岂所谓夫子山者，因道南之先谶乎？"

曹雪芹对朱子的尊敬，对"四书"的尊崇，本质上是承接了中国优秀的传统文化，也还有着对曹、朱二姓源流同宗的隐喻，于是，曹雪芹将眼光投向芹溪与砚山，用建阳的这片山水构建起一个大观园——大观园也就是洞天福地、世外桃源的隐喻。

曹霑，号雪芹，又号芹溪、芹圃。曹霑以道教的三十一福地"芹溪"为号。曹雪芹的亲密朋友张宜泉，命运和曹雪芹一样悲惨，他说自己"家门不幸，书剑飘零，三十年来，百无一就”。曹雪芹也好不到哪里去，物伤其类，他给曹雪芹的诗，往往以“芹溪”的号相称。如《伤芹溪居士》《怀曹芹溪》《题芹溪居士》

《红楼梦》的主要评点者姓甚名谁，没有人知道，此人只留下一个代号——“脂砚斋”。脂砚斋点评《红楼梦》的批语在红学界称为“脂评”或“脂批”，有脂砚斋批语的《红楼梦》抄本被称为“脂本”，“脂本”是最贴合曹雪芹思想的《红楼梦》版本。

砚山之下，芹溪潺湲。山环水绕，山水相依，“芹（曹芹溪）”与“砚（脂砚斋）”不离不弃。脂砚斋，正是用“砚”为斋名，而且胭脂正好是“朱”色。

不仅仅是曹雪芹尊崇“四书”的巧合，不仅仅是曹霑以芹溪为代号的巧合，也不仅仅是点评者脂砚斋以砚山为隐喻的巧合，更让人瞠目结舌的是——打造大观园的是一位叫“子野”的。

朱子有一位表兄隐居在芹溪之畔，朱子的表兄虽然没有考科举中进士，但编注《论语纂训》，打造自己的栖身处，为自己的居处取名“芹溪小隐”。

朱子的表兄名唤“丘子野”。

《红楼梦》中打造大观园的，是一位叫“山子野”的。“凡堆山凿池，起楼竖阁，种竹栽花，一应点景等事，又有山子野制度”“全亏一个老明公号山子野”。

“丘”“山”本就同义，陶渊明诗句“少无适俗韵，性本爱丘山”。

丘子野打造“小隐”，山子野打造“大观”。

《红楼梦》描写大观园景致时，脂砚斋批了一句：“门前一片横塘水乎？”

大观园前横塘水。

芹溪小隐不远，却有一个横塘村。

砚山之上，有一块突兀的石块，这一大石块上刻着“陈王前珉”四个字。问过当地的许多专家，都不明白其中的意思。被封为“陈王”的，历史上有许多位，其中的一位是曹植，李白诗“陈王昔时宴平乐”中的陈王就是曹植。“珉”是玉石。“陈王前珉”就是曹雪芹笔下的补天遗石。

附

圆圆曲（节录）

〔清〕吴伟业

前身合是采莲人，门前一片横塘水。横塘双桨去如飞，何处豪家强载归？此际岂知非薄命，此时只有泪沾衣。熏天意气连宫掖，明眸皓齿无人惜。

张宜泉写给曹芹溪（雪芹）的诗

《伤芹溪居士》：“谢草池边晓露香，怀人不见泪成行。北风图冷魂难返，白雪歌残梦正长。琴裹坏囊声漠漠，剑横破匣影鉒鉒。多情再问藏修地，翠叠空山晚照凉。”《怀曹芹溪》：“似历三秋阔，同君一别时。怀人空有梦，见面尚无期。扫径张筵久，封书畀雁迟。何当常聚会，促膝话新诗。”《题芹溪居士》：“爱将笔墨逞风流。庐结西郊别样幽。门外山川供绘画，堂前花鸟入吟呕。羹调未羡青莲宠，苑召难忘立本羞。借问古来谁得似，野心应被白云留。”《和曹雪芹西郊信步憩废寺原韵》：“群诗帝未等闲吟，破刹今游寄兴深。碑暗定知含雨色，墙颓可见补云阴。蝉鸣荒径遥相唤，蛩唱空厨近自寻。寂寞西郊人到罕，有谁曳杖过烟林。”

——〔清〕张宜泉《春柳堂诗稿》

砚山·砚山泉

砚山，在嘉禾县东北三十五里，山之西，有石如巨砚，相传华子期师角里先生于此。

——〔宋〕祝穆《方舆胜览》

砚山，在乐田里，一名孔夫子案山。岚气常凝，春花烂漫，夏木荫浓，山之西有石，端平如案。上有二处微黑隐隐，若笔砚状。又有方石傍立，号书橱。按《九域志》载，左承议郎傅镕《芹溪阁记》云："汉时有华子期者，师角里先生于此，得隐仙灵宝法。"旧有丹炉药灶，世远无存。山有泉七穴，下有芹溪九曲，为东阳之胜。孔夫子未尝至此，而山名孔夫子案山者，疑即华子期，而俗之讹矣。

——景泰《建阳县志》

砚山泉，在乐田里，泉有七穴，每穴一掬则尽，其水既而复出，但盈科不止，竟不溢。

——景泰《建阳县志》

砚山，在建阳县东北三十五里，山有石，端平若案，有微黑点，隐隐若砚，旧名夫子案山。《事林广记》以为第二十八福地，上有泉七穴，每穴一掬可尽，既而复盈，下有芹溪，九曲环绕其麓。

——《大清一统志》

芹溪诗话，九曲八景

洞天福地或者是某座山，或者是某条溪，或者是某个洞。

相对于其他的洞天福地，芹溪不同。芹溪是和砚山捆绑的，既是一条溪，也是一座山。《云笈七签》在记载第三十一福地“芹溪”时，记录非常简短，但不忘友情提示说“是孔子遗砚之所”。其他的福地，如天柱山、中条山，以山为福地；若耶溪、泸水，以水为福地；郁木洞、丹霞洞，以洞为福地。

以某座山为福地的，较为普遍；以某一条溪水为福地的，很少，以溪水为福地又捆绑了一座名山是绝无仅有的。

《云笈七签》其中的一个版本在卷二七《洞天福地》中记载“第三十一福地”为：“勒溪，在建州建阳县东，是孔子遗砚之处。”正因为这一版本《云笈七签》的影响，“勒溪”的称谓被后世许多学者沿用。如傅勤家著的《中国道教史》即取“勒溪”之说。事实上，当《云笈七签》编入《四库全书》时，已经改“勒溪”为“芹溪”了。《四库全书》的编纂者已经修正了“勒溪”之误。

为什么“芹”会被写成“勒”。事实上，“芹”字有多种写法，如“蔪”“蔪”，这些写法，既像是“勤”，又像是“勒”。古代抄写、誊录、雕版的过程中，抄写的笔画模糊、刻工的识字水平低，印刷的湮墨现象，都会造成误刻误认的情况。“蔪”“蔪”被误刻或误认为“勒”是很正常的。

翻遍建阳各个时期的县志，砚山脚下的溪流只有芹溪，没有勒溪。朱子写的是《芹溪九曲棹歌》，丘子野隐居处是“芹溪小隐”，芹溪注入崇阳溪处的村庄名为“芹口”。显然，芹溪、芹口已经以地名的方式固化了。

朱子写的《芹溪九曲棹歌》第一曲即写道“一曲移舟采涧芹”。当小船横渡崇阳溪，进入芹溪一曲时，溪涧边都是碧绿的野生的水芹菜，所以说“采涧芹”。

古代，学校也称泮宫，每所学校几乎都有一个半月形的泮池。泮池中往往生长着许多的水芹菜。“采芹”就有了特殊的意义，指读书人入学读书。

芹溪，不只是道教福地，还因为孔子遗砚，朱子“采芹”，而成为一条文化的溪流。

芹溪潺湲，汇入大溪——崇阳溪处，伫立着一座村庄，就以芹溪水流入口命名，称“芹口”。芹口隔着崇阳溪，对岸是将口镇，再远的天边，是高耸的庐峰（今云谷山一带）。将口位于芹溪、崇阳溪两水交汇处，人烟稠密，烟火气很浓，商人往来，农人也乘渡过溪到田中劳作。

芹溪一曲“回首庐峰”的场景

朱子从将口横渡过来，小舟缓缓划进芹溪。喧腾的市声留在了身后。黄昏下来了，旅人、商贾与农人在沙头唤渡。芹溪两岸的水芹尽情地摇曳，绿意盎然，朱子在舟中回望时，庐峰群峦起伏，孤月高悬。

这是芹溪的第一曲，再溯源而上，二曲的溪岸，万木萧森，竹石掩映，清流缓缓。斜阳外，舟子上，渔歌唱起，一声一声，落入耳中。

三曲，从二曲的萧森林木中缓缓划出的小舟，进入一片视界开阔的地带。芹溪冲积出一片白色的沙滩，称为龙尾滩。推开窗蓬，只见南山悠然。继续跋涉而上，南山的仙踪早已找寻不到，只见白云飘荡，悠然自闲。“龙尾桥，在雒田里傅屯，即傅屯桥”，也由此可推断三曲在傅屯的位置。

四曲的核心不再是竹木，不再是山水，而是寺院。溪头的渡口处，烟雾中的飞檐挺出，古木挺拔，一切那么静谧祥和，僧人悄然走进柴门，麋鹿衔着花自由地游走。

在五曲看砚山最为雄壮，群峰像屏风一样铺展开去。山中云烟深处，神仙炼丹修行的地方，有一座仙亭。也正是当年华子期修炼处，华子期成仙后，不知所踪，如今，只留下万古青松，一如既往地青翠着。

六曲已是人间烟火。朱子的表兄丘子野正是住在六曲。丘子野的一生是隐居读书的一生，他没有考进士没有当官，所以他的居处被称为“处士家”。砚山在六曲，露出了森然的岩石，人称“鼓楼岩”，岩下的树木槎枒。鼓楼岩临近芹溪的龙潭。正因为人间烟火太盛，市井太喧嚣，龙潭中的两头龙根本无法清静下来，于是，他们托梦给丘子野的同宗，说：人太多了，我明天要离开了。第二天，阴云四合，人们看到两条龙飞升而去。

七曲的水边，建有一座神祠，山水风光，营造出一种十里桃花的场景。溪流中有一块聚鱼石，游鱼会聚集过来歇息纳凉。阳光照射下来，鱼鳞闪耀着金色的光芒。林中遍植桃树，仿佛是陶渊明笔下的桃花源。落英缤纷的桃林吸引了许多前来探路的渔郎。

八曲是观赏砚山的最佳角度。砚山孤高挺立，直通天宇，高耸处，瀑布飞泻而下，世间难得有此美景，就算是最优秀的画师也画不出如此宏阔高远的芹溪九曲美景。

转到第九曲了，又到山水林木的深处，溪流越来越窄，已很少看到冒险般逆流的小船了，溪水再上游的岩石间，便是龙池，那是溪水的源头处，与龙有关。

宋末元初，与潭阳七贤之一熊禾同时代的诗人叶善夫游赏芹溪九曲后，不再以九曲的溪流为主线，而是以散点造景的视角，咏出了“芹溪八景”。

砚山之上，华子期师从角里先生筑丹灶炼丹修仙，丹灶左边有石洞，右边有石砚。此为“子期丹灶”。

芹溪的第六曲，静静的环湾之处，宛如玻璃一般的湖面，人称龙潭。溪流上有像彩虹一般的廊桥。秋夜，天空澄澈，水光山色上下辉映。此为“龙潭秋月”。

芹溪的一曲处，远望西面的云谷山起伏连绵。最高峰是庐峰，耸立云天。夕阳照在庐峰上，紫烟升腾，如诗如画。此为“庐峰夕照”。

朱子的表兄丘子野隐居在芹溪六曲的溪岸上，朱子为他的隐居处题写“芹溪小隐”。有才华的丘子野甘为寂寞，就像宝剑被尘土掩埋一样。《拾遗记》记载：汉高祖平定天下后，将所佩宝剑“赤霄”藏到武库中去，却看见库中剑气如云飞出窗外，剑气如龙蛇一般。朱子感叹，丘子野只能是“宝剑尘埋未化龙”。尽管丘子野被尘封，但朱子题写的“芹溪小隐”匾仍然还传唱着丘子野的故事。此为“芹溪小隐”。

七曲溪边的桃林通向幽静的山谷，就像《桃花源记》中的场景。捕鱼的武陵人已经老去，不见身影。虽然，捕鱼人不见，但桃林中的别墅仍然住着魏晋时的种桃人。此为“桃源别墅”。

冬天，天宇澄鲜，雪后，更是霁月光风，远山银装素裹，田野如玉洁白。砚峰之上有仙亭，可望数百里。最好是明月夜，月宫中的嫦娥仙女与雪神滕六在九霄腾舞斗艳，千岩万壑，明丽清亮。此为“砚峰晴雪”。

溪边，寺院，黄昏的时候，钟声传来，寒鸦归巢。僧人回到寺中，钟声追逐白云而去，天地一片静谧。是为“山寺晚钟”。

砚山连绵，形成三座山峰，正午的时光，龙潭的湖面静静地映着三座山峰的倒影，水天相接，就像是王维的画——诗中有画，画中有诗。此为“插云三峰”。

附

泮 水

思乐泮水，薄采其芹。鲁侯戾止，言观其旂。其旂茷茷，鸾声哕哕。无小无大，从公于迈。

思乐泮水，薄采其藻。鲁侯戾止，其马蹻蹻。其马蹻蹻，其音昭昭。载色载笑，匪怒伊教。

思乐泮水，薄采其茆。鲁侯戾止，在泮饮酒。既饮旨酒，永锡难老。顺彼长道，屈此群丑。

穆穆鲁侯，敬明其德。敬慎威仪，维民之则。允文允武，昭假烈祖。靡有不孝，自求伊祜。

明明鲁侯，克明其德。既作泮宫，淮夷攸服。矫矫虎臣，在泮献馘。淑问如皋陶，在泮献囚。

济济多士，克广德心。桓桓于征，狄彼东南。烝烝皇皇，不吴不扬。不告于讻，在泮献功。

角弓其觩。束矢其搜。戎车孔博，徒御无斁，既克淮夷，孔淑不逆。式固尔犹，淮夷卒获。

翩彼飞鸮，集于泮林。食我桑葚，怀我好音。憬彼淮夷，来献其琛。元龟象齿，大赂南金。

——《诗经·鲁颂·泮水》

龙 潭

龙潭在雒田里，相传昔有二龙潜其中。一夕，见梦于里人丘姓曰：“此处人众，当辞去。”翌日，阴云四合，有二龙飞而去。

——道光《建阳县志》

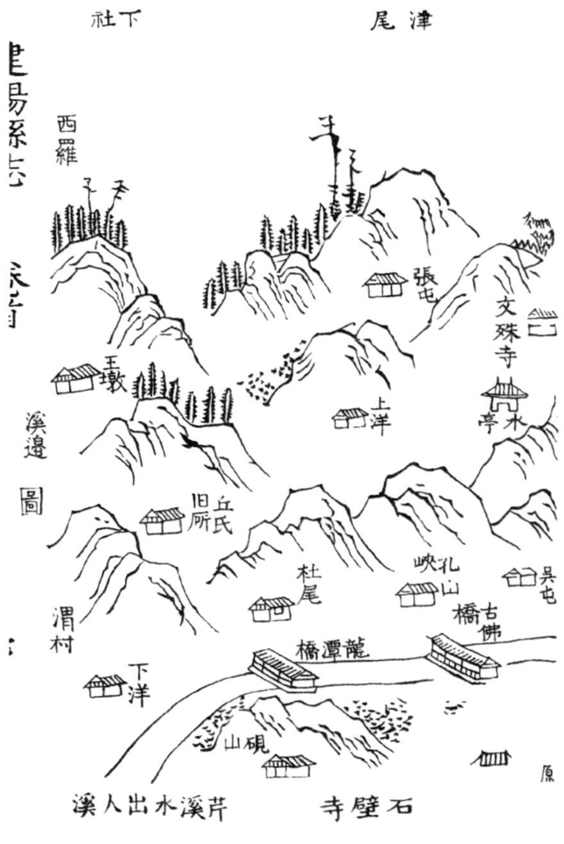

康熙《建阳县志》中的芹溪和龙潭桥

芹溪九曲棹歌

〔宋〕朱　熹

一曲移舟采涧芹，市声只隔一江云。
沙头唤渡人归晚，回首庐峰月一轮。

二曲溪边万木林，山环竹石四时清。
渔歌棹入斜阳里，隔岸时闻一两声。

三曲舟行龙尾滩，推蓬把酒见南山。
回头点检仙踪迹，万顷白云时自闲。

四曲烟云锁小楼，寺临乔木古溪头。
僧归林下柴门静，麋鹿衔花自在游。

五曲峰峦列翠屏，白云深处隐仙亭。
子期一去无消息，惟有乔松万古青。

六曲溪环处士家，鼓楼岩下树槎枒。
潭空龙去名常在，时见平汀涌白沙。

七曲灵祠瞰水滨，聚鱼石上跃金鳞。
林凹路入桃源近，时有渔郎来问津。

八曲砚峰倚碧虚，泉流瀑布世间无。
凭谁染就丹青笔，写出芹溪九曲图。

九曲悠悠景最幽，巉岩石峡束寒流。
源深自是舟难到，更有龙池在上头。

芹溪八景诗

〔宋〕叶善夫

子期丹灶

何人辟谷砚山隈，洞府藤萝锁不开。
炼就金丹乘鹤去，药炉烟冷未归来。

龙潭秋月

月光如水水连天，万顷玻璃浸碧渊。
一颗骊珠收不去，几回惊起卧龙眠。

庐峰夕照

云谷山高列画屏，晚来尽对更多情。
烟凝紫翠斜阳里，一幅丹青写不成。

芹溪小隐

芹溪处士古人风，宝剑尘埋未化龙。
旧隐至今名不朽，扁题元出紫阳翁。

桃源别墅

高人栖隐向山林，林壑幽清绝俗尘。
当日武陵人已老，谁知犹有种桃人。

砚峰晴雪

登楼眺望雪晴天，银作高山玉作田。
最好夜深明月上，素娥滕六斗婵娟。

山寺晚钟

数尽寒鸦日已昏，疏钟隐隐隔林闻。
僧归林下柴门静，声逐前村一片云。

插云三峰

笔架三峰插碧虚，午来倒影落平湖。
凭高最好供吟笑，宜入王维画里图。

百丈山

百丈山，在崇安，朱文公记，其上皆苍藤古木，虽盛夏停午无暑气，东南望见瀑布自前岩穴瀵涌而出，投空下数十尺，其沫乃如散珠喷雾，日光烛之，璀璨夺目，不可正观。

——〔宋〕祝穆《方舆胜览》卷十一

百丈山，在县东建平里，刘玶、朱晦翁、蔡西山每登临于此，上有石台、瀑布、西阁诸胜。

——乾隆《福建通志》卷四

百丈山上的风光

松柏村・庐峰夕照

建阳将口至武夷山五夫的路上，在南台一带，有一座高山伫立，是为百丈山。

淳熙元年（1174 年）六月，朱子在凌晨启程，顺潭溪而下，天际出现朝霞时，朱子一行正式开始登山。同行的还有四位朋友：刘琉、刘玶、吕叔敬、徐大老。

朱子一行沿百丈山脚往高处走去。一路行走一路诗。

走了三里多路后，他们面临绝境：右边深谷，左边悬崖。所幸有石块堆垒成石磴，叠砌了十多级，蹑足而上，百丈山的优美开始袒露。

百丈山的第一首诗《石磴》开始了。

登上石磴，往东走，一条小涧从两崖之间清亮地流泻而下，淡淡的水雾飞扬弥漫，水声淙淙。一条石梁横跨小涧，苍翠的藤蔓和参天的古木不动声色地笼罩下来。即便盛夏亭午，此地也是暑气消尽，令人神清气爽。

过石梁，循小涧曲折而上，古木掩映着一座小庵的山门，三间小屋，也仅能容十人。山门前，山间万涓清泉汇成一束流动的涧水，激荡而下；山门后有一片如盆的石池，与苍穹的云影遥相呼应。便有了《山门》。

石池之上，建有石梁，过石梁往北，登石梯而上，便是小庵。小庵其

白丈庵中的石臼

实只是几间低矮狭窄的老屋。倒是小庵的西阁风景殊胜，美在水色，美在水声。西边山谷的涧水穿出乱石的罅隙奔射而出，从西阁下流过，东边山谷的涧水也一路欢歌而来，一同注入石池中，再从石池泻出，流下山门，就是上山时所见的小涧了。西阁伫立在三水交汇的上游，百丈山所有的水声水色汇聚到阁前。夜憩西阁楼，枕席之下，潺潺而流，不绝于耳。朱子又题诗《西阁》。

山门东面的不远处是一座石台，石台下临峭壁，深暗险绝，草木丛杂。东南望，一条瀑布从岩穴中喷涌而出。朱子写《瀑布》。瀑布几十尺飞下，如溅玉似挂练，像龙鸾共舞。瀑布与日光共同制造了晃眼的亮光，让人不敢正视。

还有《石台》。石台正前方对着山的豁口，豁口之外，芦峰挺拔而出——朱子建的晦庵就在芦峰绝顶呢！群峰起伏，历历在目。等到余晖横斜时，群山紫烟生起，翠色渐黛，山外高山，不可胜数。清晨则又白云满山，云涛起伏，远近的山峰或隐或现，飘忽往来，瞬息万变。

康熙《建阳县志》中百丈山上的百丈庵

石台东面，是路的尽头，乡人凿了些小石磴，石磴险峻，不是一般的人敢走的，但神可以走。过石磴，有神祠。久旱或久雨时，乡人便走过石磴与神交流，让神停雨或者让神下雨。

儒士聚集，自然得有雅事，朱子和四个朋友兴起时，选了苏东坡《东山》诗中的一句“徙倚弄云泉”为韵，各人分一韵写诗，朱子分得“云”字。

如今，山间那位老茶农依然还能说出“西阁楼”这一词。朱子当时所见的庵已废弃多年，山门的石墩还在，庵基已林木森森了。庵基后，有一石臼，就在石壁上凿出的，仍然还有水注入。

将口地界，还有一座山和一口井值得一提。一座叫崐山，特别之处在于山上种的一种瓜，是小品种的枕瓜——“崐山，在建忠里，界建、崇二邑间。高百余丈。山上可数十亩，乡人种瓜，形长如枕，皮厚味甘，名曰枕瓜”。一口井叫“冷水井”，名声传到了江西。江西人会装回家乡，说可以治病：“冷水井，在建忠里。其泉自岩穴涌出，虽大旱不竭。味冽而甘，江西人辄具器盛之以归，谓可疗病”。

百丈山远眺

附

百丈山记

〔宋〕朱　熹

登百丈山三里许，右俯绝壑，左控垂崖；叠石为磴，十余级乃得度。山之胜盖自此始。循磴而东，即得小涧，石梁跨于其上。皆苍藤古木，虽盛夏亭午无暑气；水皆清澈，自高淙下，其声溅溅然。度石梁，循两崖，曲折而上，得山门，小屋三间，不能容十许人。然前瞰涧水，后临石池，风来两峡间，终日不绝。门内跨池又为石梁，度而北，蹑石梯数级入庵。庵才老屋数间，卑庳迫隘，无足观，独其西阁为胜。水自西谷中循石罅奔射出阁下，南与东谷水并注池中，自池而出，乃为前所谓小涧者；阁据其上流，当水石峻激相搏处，最为可玩。乃壁其后，无所睹。独夜卧其上，则枕席之下，终夕潺潺，久而益悲，为可爱耳。

出山门而东，十许步，得石台，下临峭岸，深昧险绝。于林薄间东南望，见瀑布自前岩穴瀵涌而出，投空下数十尺。其沫乃如散珠喷雾，日光烛之，璀璨夺目，不可正视。台当山西南缺，前揖芦山，一峰独秀出，而数百里间峰峦高下，亦皆历历在眼。日薄西山，余光横照，紫翠重叠，不可殚数。旦起下视，白云满川，如海波起伏；而远近诸山出其中者，皆若飞浮来往，或涌或没，顷刻万变。台东径断，乡人凿石容磴以度，而作神祠于其东，水旱祷焉。畏险者或不敢度，然山之可观者，至是则亦穷矣。

余与刘充父、平父、吕叔敬、表弟徐周宾游之。既皆赋诗以纪其胜，余又叙次其详如此。而最其可观者，石磴、小涧、山门、石台、西阁、瀑布也，因各别为小诗以识其处，呈同游诸君，又以告夫欲往而未能者。

百丈山六咏

〔宋〕朱　熹

石　磴

层崖俯深幽，微径忽中断。

努力一跻攀，前行有奇观。

小　涧

两崖交翠阴，一水自清泻。

俯仰契幽情，神襟顿飘洒。

山　门

置屋两三间，巧当奇绝处。

峡束百泉倾，涧激回风度。

石　台

出谷转石棱，俯身窥木末。

夕眺岚翠分，朝脐云海阔。

西　阁

借此云窗眠，静夜心独苦。
安得枕下泉，去作人间雨。

瀑　布

巅崖出飞泉，百尺散风雨。
空质丽晴晖，龙鸾共掀舞。

游百丈山以“徙倚弄云泉”分韵赋诗得“云”字

〔宋〕朱　熹

执热倦烦局，驾言起宵分。
随川踏晓月，度岭披朝云。
攀缘白石梯，拂拭苍藓纹。
喷薄惊快觌，琮琤喜先闻。
奇哉此精庐，眇然隔尘氛。
诸公肯同来，定非俗子群。
永日坐清樾，短章策奇勋。
慨然念畴昔，联裾已荒坟。
中路忘磬折，寸心谩丝棼。
惟虑泉石愿，三生有余薰。
兹游获重寻，十载心氤氲。
他年访旧躅，山灵莫移文。

百丈山瀑布

名士文化

——士人风骨

名士有两个义项：以诗文等著称的人；很有名望但不做官的人。

宋朝的那段时光，芹溪的水，将口的山，形成了一个文化圈，形成了一个独特的朋友圈，圈子里的士人，或诗或文，他们有名望，但又不汲汲于富贵，洋溢着独特的带着隐逸情怀的士人风骨。

此山此水，有刘子翚与傅茂元的唱和，有傅茂元和胡寅的交往，有朱松与卓特立的吟咏，还有赵瘤斋与吴芹庵的贺寿词……除此，朱子和吴翌还有一段可值得一书的交往。吴翌是将口人，却在湖南追随湖湘学派的一批士人，闽学与湖湘学的两个学派并无隔阂。朱子与吴翌的交往，目前可查到的，有朱子与吴翌的通信十三封，有朱子送别吴翌的诗作，另吴翌去世后，朱子为吴翌写《南岳处士吴君行状》等。朱子对吴翌的为人——“忠信明决，通微晓事”、为学——“上稽前古圣贤之言，中览前世儒先之论，下引四方朋友之说”，都予以了充分的肯定。

刘子翚·傅茂元

芹溪之畔，有一个村庄叫傅屯。

宋代，傅氏家族聚居傅屯。宣和三年（1121 年），傅屯出了一位进士，进士名唤傅铣[①]，字茂元。

傅茂元的资料很少，在宋朝张扩的《东窗集》中，留下一份制书，内容涉及几位官员“循序迁转”——提拔。当时枢密院长官到江淮视察，傅铣和俞召虎、张阔、赵沂、张大檝、俞偀等人从行，他们办事干练敏捷，所以给予“进秩”——进升官职，增加俸禄。

> 俞召虎、张阔、赵沂并循右承直郎，傅铣循左儒林郎，张大檝、俞偀并循右文林郎制敕具官某等，朕比遣枢辅视师江淮，尔从其行，干敏有誉，宜进厥秩，以旌尔劳往务，钦承毋忘报称。
>
> ——〔宋〕张扩《东窗集》卷十三

正史中的资料阙如，但五夫刘子翚的诗集中，就不一样了。

刘子翚与傅茂元有着特殊的友情。

靖康二年（1127 年），刘子翚的父亲刘韐奉命出使金营议和，以死报

① 按“傅铣”又作“傅侁”，以下正文，引文中统一作“傅铣”。

国，马革裹尸。刘子翚执丧过于悲痛，在墓前哀泣三年，身体变得羸弱不堪，不再任官，刘子翚就自号“病翁”。因家仇而引发的国恨，刘子翚一直不能释怀。他常到拱辰山父亲的墓下瞻望徘徊，连日涕泗呜咽。他常和志同道合的朋友一起，诗酒人生。傅茂元就是其中的一位常来常往的好朋友。

在《屏山集》中，有许多刘子翚与傅茂元唱和的诗。刘子翚和傅茂元几位朋友到开善寺去，就有了《同原仲、茂元、致和入开善》；和傅茂元等人去武夷山天游峰的晞真馆，就有了《同明诚、茂元游晞真馆》；和傅茂元一些诗客到水边阁楼纳凉，就写了《时中、良弼、茂元、慎仪集水阁》；还有他们单独的唱和，看到茉莉花，也要互相吟咏一下，如《次韵茂元茉莉花诗二首》……

刘子翚在五夫潭溪之上感到孤独时，就会写信给好朋友，约他们来聚聚。有一个夏末的晚上，突然来了一场雨，雨后霁色大放，月映南山，刘子翚泛舟潭溪，突然起了念，想把原仲（胡宪）、致中（刘勉之）、乔年（朱松）、茂元（傅铣）、伯达（范如圭）这些老朋友全部约来，到五夫一聚，他为自己的心念而感到无比开心，决定制作一份请柬，以诗为柬，在诗中，刘子翚说“良游莫蹉跎，小暇即乘兴”，赶紧约个时间，乘兴前来，不可蹉跎岁月！

此时的朱松，因在朝廷得罪主和派的秦桧，回到建州城（今建瓯），已十年没见到刘子翚了，何尝不想一聚？朱松从建州到将口的砚山时，见了嫁到砚山脚下的姐姐，而后，约了傅茂元，一起往五夫去。有诗为证——“十载相思成鬓霜”。

朋友们没空到五夫，刘子翚就会把朋友名单列出来，一一思念一番。刘子翚的思念名单列了十个人，每思念一个，就写一首诗，十首就成了一组——《有怀十首》诗。其中一首当然是怀念傅茂元的：“松底柴门尽日关，主人西去几时还。长镵委地黄精老，时有寒猿啸砚山。”宋代的砚山，种满了松树，傅茂元在松树下建了座木屋隐居修行。刘子翚怀念傅茂元的时候，傅茂元已去当官了，他砚山的木屋柴门紧闭。挖黄精的长镵被遗弃一旁，显得落寞。空山无人，偶尔一两声的寒猿啼啸着，更是落寞。

刘子翚去世太早，其实，后来傅茂元返乡了，给自己建了一处“真意堂”，将自己安放在砚山与芹溪的山水中，然而，此时刘子翚已逝。

附

夜行潭溪上，念原仲（胡宪）、致中（刘勉之）、乔年（朱松）、茂元（铣）、伯达（范如圭）皆有入山期，以诗趣之

〔宋〕刘子翚

长夏不见雨，袢暑故相病。及兹颢气回，一夕飞洒并。
揽衣步新凉，宇宙涵清润。月离南山高，水循双涧静。
流观外既洽，至乐中潜应。缅怀平生友，契阔时光运。
石峰许寻盟，有约殊未定。事纷莽如尘，欲扫那得尽。
年衰觉世浮，虑淡知心胜。良游莫蹉跎，小暇即乘兴。

朱乔年同傅茂元见访

〔宋〕刘子翚

校书兰台昔名士，怀望会稽今望郎。
忽惊风采照户牖，便觉肺腑流冰霜。
手谈逼剥屡争局，眼视哈台时对床。
山林情话政可乐，只恐云路双雕翔。

次刘彦仲、傅茂元韵

〔宋〕朱　松

强蹋府尘从傅子，立谈江阁识刘郎。
一樽此地见眉宇，十载相思成鬓霜。
秋灯煜煜照情话，夜浪翻翻吹客床。
投名径入农圃社，老矣不梦天门翔。

次韵茂元独速歌

〔宋〕刘子翚

大儿行文学苏黄，暗潮无声走茫茫。小儿分题拟甫白，手抉蟆颐取冰魄。自成机杼谁如君，悲歌乃有可怜色。晓来春归荠叶新，青女摧之良不仁。那知妙龄气如许，一睨辟易惊千人。我亦归为村衰翁，接花成条欹屋红。跣行肯追蹀躞步，杯饮不羡琉璃盅。相逢他事不发语，醉面彻日承溪风。君不见丰碑模糊立岘首，又不见穗帷虚斟百眉侑。何如吾侪见在身，有口犹堪著醇酎。陶陶兀兀未全非，赫赫炎炎岂长有。砚峰绝顶抚孤松，伊谁及此苍髯寿。

傅茂元·胡寅

傅铣（茂元）是宣和三年（1121 年）进士，检索那一榜的同榜进士，原来，他与五夫的胡寅同榜。根据嘉靖《建阳县志》记载，建阳的游操、吕祉、江琦都是那一榜，那榜的状元是何涣。

五夫的胡安国及其子侄胡寅、胡宏、胡宁、胡宪都是宋代家族式的大学者，并称“五夫子”。胡安国开创著名的湖湘学派，而胡寅、胡宏、胡宁则是湖湘学派的重要干将。尽管胡宏、胡宁与湖湘有着千丝万缕的联系，但他们最终都归葬闽北，都葬在砚山。朱子的老师——胡宪的墓也在砚山。五夫子中的三夫子魂归砚山，此山此水，与胡家有缘。

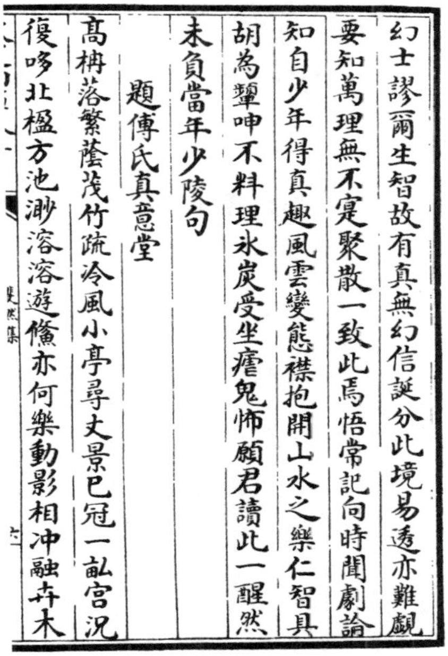
幻士謬爾生智故有真無幻信誕分此境易透亦難覷
要知萬理無不寔聚散一致此焉悟常記向時聞劇論
知自少年得真趣風雲變態襟抱開山水之樂仁智具
胡為顰呻不料理氷炭受坐瘡鬼怖願君讀此一醒然
未負當年少陵句
題傅氏真意堂
高枏落繁蔭茂竹疏冷風小亭尋丈景巳冠一畝宫況
復哆北極方池渺溶溶遊儵亦何樂動影相冲融卉木

胡寅《题傅氏真意堂》诗

胡寅从远方归家时，会从五夫到砚山脚下来，拜访同榜进士傅茂元。傅茂元的居处很雅致，取名“真意堂”。傅家种着菊花，“乃眷黄金花，尚閟东篱丛”，加上隔河就是砚山，傅茂元给自己的居处取名“真意堂”，用的正是“采菊东篱下，悠然见南山……此中有真意，欲辨已忘言”的典故。胡寅曾为真意堂写过诗，有“芹溪萦砚峰”“多谢甪里翁”的诗句。在宋代士大夫的心中，芹溪、砚山、华子期、甪里先生就是那片福地的代表符号。

胡寅拜访傅茂元，正是深秋，落叶飘摇，风吹竹林。傅茂元闲居东田，吟诗真意堂，自在逍遥。胡寅倒是对怀才不遇、不被世用的傅茂元愤愤不平。天气冷起来了，寒风渐起，傅茂元摆出酒樽，酒逢知己，不醉不休。49 岁的胡寅是想豪饮的，但身体不允许，“恨我早病衰，不能卷千钟”。窗外是蜿蜒的芹溪萦绕砚山，山上的华子期曾修炼成仙，飞仙于烟霞中。胡寅反而羡慕起了傅茂元，说：如果遇上甪里翁，遇上华子期，就带个话，我们也可以相期于玉京仙山——“相期玉京路，手把青芙蓉”。每个人心中都有一片净土，都有一片洞天福地。

附

题傅氏真意堂

〔宋〕胡　寅

高枏落繁荫，茂竹疏冷风。小亭寻丈景，已冠一亩宫。
况复哆北楹，方池渺溶溶。游鲦亦何乐，动影相冲融。
卉木罗以差，想见芳菲容。香枝寒月碎，雪架春云浓。
我来秋暮时，山叶般般红。乃眷黄金花，尚閟东篱丛。
维君抱材气，志通身则穷。和璧献未售，夜半光腾虹。
乐岁突尚冷，初筵尊未空。恨我早病衰，不能卷千钟。
喜闻涤尘话，冰壶莹心胸。又知此胜境，芹溪萦砚峰。
昔有遗世士，烟霞眇飞踪。先生傥邂逅，问讯为我通。
芝苗不足饱，多谢甪里翁。相期玉京路，手把青芙蓉。

朱松·卓特立

宋朝的春天，是从建州的荡漾春水开始的；宋朝的茶香，是从建溪两岸的茶园烘焙开始的。春水柔软如带，芹溪顺流而下，汇入建溪。建阳、建瓯、武夷山的闽北茶最早出现在京师的皇宫里和汴梁的市场上。惊蛰前后，茶人上山，敲鼓喊山，把茶树喊醒。建州的茶，独霸天下。建州的茶饼，尤为贵重。

卓特立，字民表，建阳人，与朱松一样，政和八年（1118 年）同上舍出身，他们既是同学，又是同榜。朱松在东田的时候，卓特立特意带着茶饼来看望老朋友。他们一起在芹溪畔煮茶叙旧。

卓特立带了北苑的陈年春茶饼来。“天下之茶，建为最”，何况是陈茶。砚山巍峨高耸、芹溪碧水长流。

山水之间，朱松和卓特立坐定，铺开茶器。宋朝的士大夫几乎都掌握了细腻而雅致的分茶技术。陆游在“小楼一夜听春雨，深巷明朝卖杏花”的临安城中，就在窗下一个人静静地玩分茶——“晴窗细乳戏分茶”。

芹溪畔，丘子野家不远是龙潭。好山好水，山河清新，人间烟火。茶烟起来了，卓特立开始分茶。卓特立的茶汤仿佛是白云，仿佛是飞雪。黑盏白茶，茶分好了，最美妙的茶汤端到朱松的面前，朱松尝了一口，仿佛五脏六腑的烟尘都被洗尽，他要飞起来，飘过芹溪，飘向远方——“便欲乘风度芹水”。

那是多么美妙的时光。

特别是脚下的那片龙潭湖水，山光水色，与砚山相辉映，直接是5A级游览区。五夫的刘子翚也会频繁到访，他曾在芹溪六曲的龙潭玩了一整天，并留有《游龙潭》诗。

刘子翚是团队出游，四位客人，另加一位僧人。五位游客徜徉在山水之间，神仙洞窟，惬意得忘了时光。北面寺院的钟声传来，溪南的细竹摇曳。溪流中，几处的乱石参差，溪水穿过乱石，潺湲流过。龙潭的水清澈如镜，岸边的老树不时有树叶落下，水面映照着天空的白云。东晋的谢鲲(字幼舆)，喜爱“一丘一壑”；东晋的陶渊明（曾任彭泽县令），热衷弹琴饮酒。谢鲲与陶渊明的雅趣。与此情此景，在舟中，看山水，举杯作诗何其相像。留连山水间，闲适放浪，正是一群名士内心的向往。黄昏下来了，夕阳下落了，大家仍然徘徊着不忍离去。

附

龙潭·龙潭陂·芹溪桥

龙潭在县东北洛田里，相传其有二龙潜其中，忽一夕，见梦于里人丘姓者，曰：此处人众，当辞去。翌日阴云四合，有二龙升而去。

——万历《建阳县志》卷一

芹溪桥，一名龙潭桥，元至正二十四年，里人丘晏建。

——嘉靖《建阳县志》卷三

龙潭陂，在洛田里东田桥头，溉田六十一亩。

——万历《建阳县志》卷一

答卓民表送茶

〔宋〕朱　松

揽云飞雪一番新，谁念幽人尚食陈？
仿佛三生玉川子，破除千饼建溪春。
唤回窈窈清都梦，洗尽蓬蓬渴肺尘。
便欲乘风度芹水，却悲狡狯得君嗔。

游龙潭

〔宋〕刘子翚

四客同坐言，一僧陪杖屦。徜徉山水窟，适意忘晨暮。
疏钟北岩寺，细竹溪南路。中流石参差，不碍潺湲注。
泓澄一龙潭，润气金碧聚，时惊木叶坠，俯见云影度。
所游非预期，偶尔造佳处。幼舆丘壑情，陶令琴觞趣。
淹留慰所愿，惟以宾友故。夕阳淡寒山，低徊不能去。

朱子・丘子野

朱子的父亲朱松得罪秦桧，朝廷容不下他这位主战派。秦桧的党羽弹劾朱松，说朱松“心怀异图，傲物自贤”——不能与组织保持一致，内心有不轨的意图，自以为高尚，看不起别人。朱松被贬出朝廷到饶州（今江西上饶）任知州。朱松随即请求祠职，出担任主管宫观的“祠禄官”。祠禄官不一定要真的去管理寺院、宫观，可以安闲地待在家里，不要参与处理政事公务，可以领取一半的工资。

朱松选择了“不合作”，得到了朝廷的批复，他祠禄官的官职是——“主管台州崇道观”，管理浙江台州的崇道观，这是个虚衔。于是，他回到建州，决定建书院颐养天年了。

“治国平天下”的梦想无法实现，那就“修身齐家”。回到建州，朱松最记挂的就是他嫁到建阳的妹妹。妹妹嫁给建阳东田的丘广，对于这位内秀的妹夫，朱松打心里欣赏，用“怀璧自珍”形容妹夫精神品质上的“低调的奢华”。

丘广去世后，朱子跟着父亲到东田的姑姑家，见到了表兄丘子野。

朱松是个讲义气的，也是重亲情的，为妹妹经营家事，先让妹妹衣食无忧。朱子回忆这段往事时说：“（朱松）与人交，重然诺，不以生死穷达二其心，抚孤甥，教之学，而经理其家事，曲有条理，人无间言。”

朱松把儿子和外甥叫到身边，坐在砚山之下、芹溪之畔，给儿甥讲写诗的道理。天空的流云飞过，渔父戴着青箬笠，穿着绿蓑衣，与流云一样自在，任由小舟横斜，随流漂荡。那就写《渔父词》吧，朱松让朱子和丘羲同题写作，并且限用“八庚”韵。对于十一二岁的孩子来说，这是难度很大的。孩子写好诗后，朱松起身，东田的龙潭中，鱼正肥；龙潭陂上的田野，稻正黄。可是，南宋朝廷，正风云诡谲；天下大势，正风起云涌。朱松写了《渔父·用儿甥韵》：“绿蓑青箬一身轻，卧看行云舟自横。米贱鱼肥美无度，不知东海正掀鲸。”朱松因为宋金两国的和议而被排挤出朝廷，然而，和议后，两国相安无事的局面才维持一年，绍兴十年（1140 年）闰六月，金国就找借口撕毁和约，倾全国的兵力，大举南下。好在天不亡宋，刘锜居然以三千精兵破十万金兵，史称“顺昌大捷”。顺昌大捷的消息传来，朱松抑制不住内心的欣喜，取出《后汉书》，翻开《光武帝纪》，大声诵读昆阳之战的场面。昆阳之战，光武帝率领的敢死队也正好是三千人。光武帝与三千死士出城大战，城中士兵也出城围攻，王莽的军队大败，逃命时互相踩踏，又遇到大雷雨，飞沙走石，雨下如注，敌兵被溺死上万人，堆积的尸首甚至堵塞了河道……昆阳之战是一场光武帝刘秀 2 万兵力与王莽 42 万兵力的对抗。刘秀竟然不可思议地打败敌军。朱松用昆阳之战的事例向儿甥传达了中兴的梦想，进行了一番生动的爱国主义教育。读了《光武帝纪》，朱松继续趁热打铁，又拿起笔，为儿甥写下一幅书法作品，内容是苏东坡的《昆阳城赋》。

丘羲比朱熹大几岁，看到丘羲成年了，朱松还为丘羲物色一位“婉娩多仪，柔嘉有则”的姑娘，帮助妹妹解决后顾之忧。

多年后，朱熹考中进士了。丘子野虽然聪明好学，对于诸子百家和历史典故特别熟悉，但他不求仕进，自得其乐，在砚山脚下过着隐士一般的生活。他著述《论语纂训》，最厉害的还是他精通《易经》。才华横溢却甘于寂寞。

朱子中进士后，会四处行脚，为了寻求大道而云游四方。丘羲的隐居处就成为朱子行脚时歇脚的一个阵地。两位才华横溢却衣服单薄的读书人，腊月聚在砚山脚下，用酒来抵御风寒，用酒来排解忧伤。朱子非常佩服丘羲的酒量，丘羲的酒量太好了；丘羲不但酒量好，而且嗓子也好。喝了酒的丘羲，引吭高歌。朱子说：酒，我佩服你；歌，我唱不过你——“雅唱一何高，仰酬非所任”。那好吧，我写诗。于是，喝酒唱歌间，就来了一首《奉酬丘子野表兄饮酒之句》。

丘子野以经营人生的态度来打造他的隐居地。

他带朱子参观房前屋后，柳树、翠竹、芭蕉、荼蘼……一大片的菜圃。晨起，莳地、拔草、施肥、种菜！丘子野说，居室虽然简陋，但四季的景色不同。砚山的四季，就像欧阳修笔下的琅琊山，春天“野芳发而幽香”，夏天“佳木秀而繁阴”，秋天“风霜高洁”，冬天“水落石出”。

翠竹从溪边移植，种在墙边，来年，青翠的屏障摇曳，给幽静的山居更添雅致。朱子题诗《竹》。

丘羲的院子前，点缀着几棵柳树，仿佛是五柳先生陶渊明的家，垂柳扶疏，清风徐来，丘羲高卧白云，飘然世外。朱子题诗《柳》。

丘子野种了很多芭蕉。秋后，芭蕉叶渐渐干枯了，别说它残叶憔悴，到了明年夏天，偌大的芭蕉张开碧绿的叶面，绿荫如许，阴凉阵阵，引得清风徐来，无上清凉，连扇子都可以不用了。朱子题诗《芭蕉》。

丘羲也确实像陶渊明，管理一片菜园。毕竟要为稻粱谋。朱子想起了倪宽“带经而锄”的典故。汉朝的倪宽跟着孔安国学习“五经”，因为没有钱，倪宽就承担为弟子们做饭、下地做事的粗活。倪宽下地时总要带着经书，休息时就抓紧时间学习。朱子题诗《蔬圃》。

丘子野种了满院荼蘼，被秋风卷得如残山剩水般，满墙枯枝。荼蘼将积蓄一整个冬天的能量，静待春暖花开。朱子的诗笔继续起转承合地写下去，又为芹溪小隐的花花草草写下一首《荼蘼》。荼蘼是春天开得最迟的花，所谓“开到荼蘼花事了”，那时春深，可以喝春酒，充满暖意的春酒，不像冬天，两位寒士冻得瑟瑟发抖喝冷酒。

朱子一直把丘子野的园林当成港湾，直到1178年，49岁的他已经在云谷山上也打造了一处隐居所时，仍然会造访丘子野的园林。那年七月二十九日，仲秋的时光就要来了，然而，秋老虎仍然厉害。朱子从五夫来到芹溪的丘子野家中时，正是中午时分，大汗淋漓，冠巾之下，朱子的头发可以拧出水来。丘羲见到老友，非常开心，马上煮茶解暑，又烧水让朱子洗澡。一定要留朱子过夜。风从溪面吹来，顿觉神清气爽。提着竹杖，两人散步，云谷山隐隐在望。那是朱子隐居的层峦叠嶂，云山雾海。朱子约丘羲，找个时间，一起去登云谷山的最高峰——赫曦台。每个读书人都有“会当凌绝顶，一览众山小”的宏阔期盼。但当下的饭还是要吃的。台几上是琴书，庭院里是花木，吃饭的环境很好。相比于当时朱子刚考中进士的那段时间，丘羲的家庭条件好了很多。好酒好菜款待朋友，说着心里话。丘羲想要朱子给自己打造的园林般的隐居地题个名。“小隐隐于野，中隐隐于市，大隐隐于朝”，丘羲已50多岁了，无心仕宦，流连砚山、芹溪之间，就“小隐”吧。朱子于是提笔写下“芹溪小隐”四字。

附

昆阳城赋

〔宋〕苏东坡

淡平野之霭霭，忽孤城之如块。风吹沙以苍莽，怅楼橹之安在。横门豁以四达，故道宛其未改。彼野人之何知，方伛偻而畦菜。嗟夫，昆阳之战，屠百万于斯须，旷千古而一快。想寻邑之来阵，兀若驱云而拥海。猛士扶轮以蒙茸，虎豹杂沓而横溃。罄天下于一战，谓此举之不再。方其乞降而未获，固已变色而惊悔。忽千骑之独出，犯初锋于未艾。始凭轼而大笑，旋弃鼓而投械。纷纷籍籍死于沟壑者，不知其几何人，或金章而玉佩。彼狂童之僭窃，盖已旋踵而将败。岂豪杰之能得，尽市井之无赖。贡符献瑞一朝而成群兮，纷就死之何怪。独悲伤于严生，怀长才而自浼。岂不知其必丧，独徘徊其安待。过故城而一吊，增志士之永慨。

跋韦斋书《昆阳赋》

〔宋〕朱　熹

为儿甥读《光武纪》，至昆阳之战，熹问：何以能若是？……子瞻作此赋时方二十一二岁耳，笔力豪壮，不减司马相如也。绍兴庚申，熹年十一岁，先君罢官……来寓建阳登高丘氏之居，暇日手书此赋以授，熹为说古今成败兴亡大致，慨然久之……

定婚启·为甥丘肖（羲）

〔宋〕朱　松

窃伏闾阎，久心倾于德义；幸同土壤，敢自附于婚姻。伏承某人，婉娩多仪，柔嘉有则。某兄孙某，藐是弱质，揣知义方。惟节春秋，莫忕相其馈祀；肆求伉俪，使抚有其室家。兹拜成言，赐之内主。既袭祥于吉卜，用委币于高闳。轩冕照人，虽大族非吾偶也；苹藻有奉，抑先君实宠嘉之。

丘 義

丘義，字通济，一字仁卿，号子野。建阳人。隐居不仕。颖敏嗜学，该贯子史，尤邃于易。与朱熹友善，常相往来问答。有《易说》传于世，及诸诗赋序铭，墨迹皆存。熹为书“芹溪小隐”匾其堂楣，作诗序赠之，又著《复斋铭》，并《芹溪九曲》等诗以贻之。

——〔明〕凌迪知《万姓统谱》

奉酬丘子野表兄饮酒之句

〔宋〕朱 熹

微褐不充体，寒夜怀重衾。古来穷庐士，岁暮多苦心。苦心亦何为，世路多崎嵚。不藉杯中物，离忧坐自侵。举杯当勿辞，何为复沉吟。醺酣遗所拘，神虑契遐襟。荒湎思前戒，欢谣发清音。雅唱一何高，仰酬非所任。申章聊叙报，洪量亦余钦。

丘子野表兄郊园五咏

〔宋〕朱 熹

竹

移自溪上园，种此墙阴路。
墙阴少人行，来岁障幽户。

柳

欲识渊明家，离离疏柳下。
中有白云人，良非遁世者。

芭　蕉

芭蕉植秋槛，勿云憔悴姿。
与君障夏日，羽扇宁复持？

蔬　圃

花柳绕宅茂，先生在郊居。
下帷良已苦，时作带经锄。

荼　蘼

结榬遂芳植，覆墙拥深翠。
还当具春酒，与客花下醉。

淳熙戊戌七月廿九日早发潭溪西登云谷取道芹溪友人丘子野留宿因题芹溪小隐以贻之作此以纪其事

〔宋〕朱　熹

我来屏山下，奔走倦僮仆。亭亭日已中，冠中湿如沐。
访我芹溪翁，解装留憩宿。茗碗沦甘寒，温泉试新浴。
抖擞神气清，散步揞筇竹。芦峰在瞻望，隐隐见云谷。
顿觉尘虑空，豁然洗心目。君居岘山西，高隐志不俗。
窗几列琴书，庭皋富花木。往来数相过，主宾情意熟。
开樽酌香醪，謦欬话衷曲。从容出妙句，满幅粲珠玉。
邀约登赫曦，襟期伴幽独。兹游得良朋，道义推前夙。
扁字为留题，深愧毛锥秃。

祭丘君文

〔宋〕朱 松

吾来闽岁八周，怅识公其何因。惟先君之仲女，妇子舍而通姻。方言还而在道，篚觌币而未陈。忽奉讣以来告，奄捐俗而返真。嗟乎，天之不淑，胡独折此善人？念此往哭其何及？为衰衰而废餐。倾闻公之晚岁，颇玩志于竺文，了一世之泡幻，盱生死如夕晨。曾其躬之不赢，天以燕其后昆。方世胄之有弈，矧先德之未泯。嗟惟公复何憾，悼生者之号冤，驰斯文以侑奠，庶冥漠之或闻。

朱子·吴翌

吴晦叔来奔其母之丧，今日方见之，能道钦夫病状。亦得钦夫书，今已复常矣。晦叔亦多病，瘰瘁也。

——朱熹《答吕伯恭》

吴翌，字晦叔，是将口忠孝里（即今建忠里）人，小时大约在回潭一带生活。父亲很早就去世了，吴翌家族或许与胡安国家族有姻亲，因此，年轻时，吴翌就离开家乡到衡山去游学，追随五峰先生胡宏。胡宏是湖湘学派创始人胡安国的少子，幼年跟随父亲学习，后来在京师遇到二程高足、龟山学派创始人杨时，拜杨时为师并学习二程理学。又师事二程的另一高足侯仲良，与胡宪、曾几、李椿、彪虎臣为友，互相研讨理学。胡宏在广采诸说基础上，奋勇向学，既发展了父亲的家学，又有独特的见解，加上吴翌、胡实、胡大时、胡大原、胡大本、张栻、彪居正、孙蒙正等人的追随，形成了自己特点的学派，人称“五峰学派”。

因为吴翌长期生活在衡山，与朱子并不熟识。吴翌母亲去世后，吴翌归乡奔丧，朱子第一次见到他。朱子在给吕祖谦的信中谈到他与吴翌的相见，朱子说：吴翌回建阳奔丧，我才见到他，他说张栻生病了。所幸，近日收到张栻的信，身体已经恢复。只是吴翌的身体不好，瘦弱憔悴。吴翌回湖南时，朱子曾写诗《次晦叔寄弟韵二首》送别。

次晦叔寄弟韵二首

其一

闻道君归湘水东，经行长在白云中。
诗成天柱峰头月，酒醒朱陵洞里风。
旧学难酬香一瓣，流年谁管鬓双蓬。
书来为指諳讹处，不涉言诠不落空。

其二

试上闽山望楚天，雁飞欲断势还连。
凭将袖里数行字，与问云间双髻仙。
我访旧游终有日，君归故里定何年。
只今千里同心事，静对箪瓢独喟然。

“闻道君归湘水东”，听说吴翌君就要回湖南了；“我访旧游终有日”，湖南我朱熹是一定要去的，到时再去拜访您。果然，乾道三年（1167 年）秋天，朱子来到湖南的岳麓书院。

此时胡宏已经去世，张栻为岳麓书院的山长。

胡宏在世的时候，岳麓书院已荒废。胡宏曾请求修复，但官方没有上心，直到五夫的刘珙到湖南任经略安抚使、潭州知州的时候，才将岳麓书院修复，但是当时没有聘任山长。后来，湖南转运副使萧之敏聘请吴翌为山长，吴翌说：“我老师当时想修复书院并担任山长，他尚且没有担任，我是薄德之人，怎么可以担此重任。”从此，吴翌一心一意修德治学，不再参加科举，说科举不是我应该做的。胡宏去世后，吴翌又和胡宏的堂弟胡实（字广仲）、侄儿胡大原（字伯逢）、门人张栻一起交游。

朱子在岳麓书院与张栻会讲，史称“朱张会讲”，“朱子自闽来潭，留止两月，相与讲论，阐明千古之秘，骤游岳麓，同跻岳顶而后去”。朱子还与湖湘学派的著名学者彪居正、刘芮、陈明促、吴猎，继承胡氏家学的胡实、胡大原、胡大本、胡大时，受湖湘学派影响者王师愈、张孝祥等接触，并交流思想、讨论和争辩。当然，还有吴翌。

吴翌转学多师后，又上溯古代圣贤的典籍，浏览前世先儒的论著，再考证四方师长朋友的学说，博览多家，但始终以胡宏所传为根本宗旨。

吴翌在衡山之麓建起一座书斋，书斋很美，有竹林水沼。吴翌取二程追求的“澄浊求清”，给书斋悬榜“澄斋”，每天就是和客人论道，或者自己悠闲读书，翛然自乐。遗憾的是，不久得病，仅49岁就去世了。时淳熙四年（1177年）八月。朱子收到吴翌去世的消息是来自张栻，张栻在给朱子的信中说：“吴晦叔八月间遂不起，极可伤，惜湘中遂失此讲学之友。”张栻说，太可惜了，八月份吴翌去世，湖南就少了一位可以互相切磋学问的朋友了。朱子闻说消息后，为吴翌写了祭文。吴翌的一位表弟游彬住在建阳，在吴翌去世的一个多月后得到吴翌去世的消息，于是找到朱子，流着泪说：兄长吴翌的去世，只有我游彬因为路途遥远而不能前去奔丧。希望您能帮忙撰写兄长的生平行状。朱子答应下来，为吴翌写《南岳处士吴君行状》。如今的朱子文集中，还留有朱子与吴翌的通信十三封。

附

吴　翌

吴翌，字晦叔，忠孝里人。早孤。逾冠，游学衡山，师事胡五峰。五峰殁，又与五峰从弟广仲、从子伯逢同张栻论学。翌生平忠信明决，通微晓事。抚诸弟，曲有恩意。与人交，表里殚竭。心所不安者，告语切至，而不失其和，故朋侪多赖其益而乐亲之。叶衡山称其贤，妻之以女。翌因导其子定谒栻受学，定卒为修士，翌之力也。栻门人在衡湘者，日从翌参决所疑。长沙故有岳麓书院，设山长教授生徒，寻废。五峰尝请复之。乾道初，帅守刘珙始复书院，犹虚山长。后转运副使萧之敏以礼聘翌，翌曰："侯之意美矣。然此吾先师之所不得为者，岂可以凉德当之哉！"力辞不赴。筑室衡山，有竹林水沼之胜，取程子"澄浊求清"意，榜曰"澄斋"，日与宾客讲道读书，翛然自乐。及殁，朱子为撰行状。

——民国《建阳县志》

南岳处士吴君行状

〔宋〕朱　熹

君讳翌，字晦叔，世为建宁府建阳县忠孝里人，曾祖恻，祖深，父从周，皆不仕。君早孤，逾冠游学衡山，师事五峰胡先生，闻其所论学问之方一以明理修身为要，遂捐科举之学，曰：此不足为吾事也。先生既没，又与先生之从弟广仲、从子伯逢、门人张敬夫游。既诵其所闻于先生者，而又上稽前古圣贤之言，中览前世儒先之论，下引四方朋友之说，参伍辨订，去短集长。其左右出入，虽不专主于一家，然其大要以胡氏所传为宗也。其为人忠信明决，通微晓事。教抚诸弟曲有恩意，与人交表里殚竭，心所不安，告语切至而不失其和。以是朋友多赖其益而乐亲之。虽或不能从，而亦不厌其言之尽也。衡山人叶公贤君为人，妻以其女，君因教其子定使知所趋，又见之敬夫而俾受学焉，定以是为修士。乡党称之张氏门人，在衡湘者甚众，亦无不往来从君参决其所疑者。长沙故有岳麓书院，国初时郡人周式为山长，教授数百人，后更变乱，院废，而山长罢。五峰方辞，秦氏礼命时，尝请为之，不报。乾道初，帅守建安刘公珙始复立焉，犹虚山长不置，至是转运副使九江萧侯之敏始以礼聘君请为之，君曰：侯之意则美矣，然此吾先师之所不得为者，岂可以否德忝之哉？卒辞不能。萧侯亦高其义不强致也。时君方买田筑室于衡山之下，有竹林水沼之胜，因取程夫子澄浊求清之语榜之曰“澄斋”。日与宾客从容其间，讲道读书，间出诗篇以咏歌，其所志盖翛然有以自乐，然不数月而病不起矣。淳熙四年八月三日也，享年四十有九。君娶叶氏，生一男，曰傅，才六岁，一女亦尚幼，君既没，叶夫人以君遗命请于其父，使弟定与君之外弟游霖、游彰等以九月三日葬君衡山之东，海桥之原，于是君之外弟游彬居故里，踰月而后闻君之丧，泣而言于熹曰：吴兄之终，彬独以远不得奔走其葬，今将状兄之行而请文于桂州张先生，以表于墓，愿吾子之文之也。熹与晦叔有朋友之谊，不可以辞，乃论其行事始终大者如此，以备采择。然敬夫与晦叔学同师，居同郡，其游久于熹，所以知之必将有深于此者，请并列而具刻焉，谨状。

祭吴晦叔文

〔宋〕朱　熹

维君学造深微，行履绳约。交朋友尽切偲之义，处兄弟竭怡怡之欢。脱屣势荣，玩心道要。方日新而未已，遽川逝而不留。熹久辱游从，多蒙规益。暌离虽久，书疏鼎来。忽闻不淑之音，实陨无从之涕。属缠期惨，远寓奠觞。莫获长言，以咏潜德。临风一恸，永诀终天。

祭吴晦叔

〔宋〕张　栻

呜呼！惟君早登五峰之门，即捐进取之习，从事义理，今几二十年，思虑益亲，操履益固，而其晓悉人情，通练世事，持之以忠信，行之以周密，盖有用之实才，而进学之良资也，岂谓一旦止于斯耶？某与君论心，为日亦久，切磋讲究，友谊金石，讣音来传，泣下莫止。嗟夫！任道之艰，而同志益落，此予之所悲而且忧也。官守所拘，未能往哭，一奠遣致，言不复文。

答朱元晦书（节选）

〔宋〕张　栻

吴晦叔八月间遂不起，极可伤，惜湘中遂失此讲学之友，岂复可得？近闻已葬矣，有子方数岁也，想亦为动怀。

信俗文化

——护佑福地

百姓都朴素地想望，自己栖息之处，是神佑的福地，所以，他们会造神，回潭的章山神、东田的王法昌、砚山的华子期、龙潭庙的鸣山公和洪山公……其实，百姓并不一定是迷信，而是在某些时候，期待获得一些未知的力量，使他们更努力地创造美好生活。

回潭的章山庙

回潭村隔河的山上有一座庙，人称章山庙。

章山庙主祀的神名唤蒋仲贤。蒋仲贤兄弟五人，乡人建五所庙，分别祭祀。

蒋仲贤生平忠心、守信、谨慎、恭敬，他去世后埋葬在五夫，一个风雨交加的夜晚，蒋仲贤墓前的香炉、花瓶不知什么缘故移到了章山的石崖

回潭的章山寺

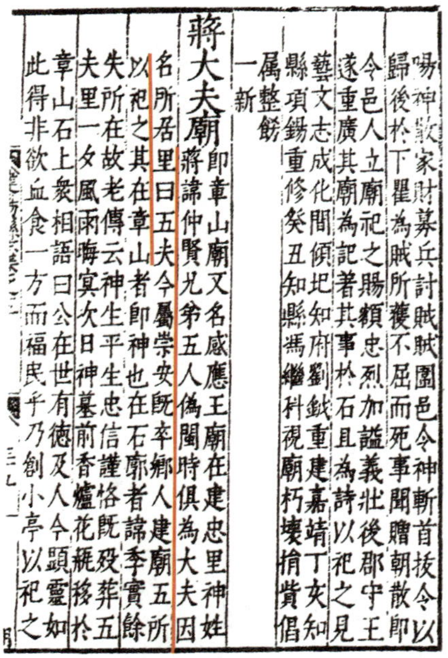

喝神歆家財募兵討賊賊圍邑令神斬首拔令以
歸後於下瞿為賊所獲不屈而死事聞贈朝散郎
令邑人立廟祀之賜額忠烈加謚義壯後郡守王
遂重廣其廟為記著其事於石且為詩以祀之見
藝文志成化間傾圮知府劉鉞重建嘉靖丁亥知
縣項錫重修癸丑知縣馮繼科視廟朽壞捐貲倡
屬整飭
一新
蔣大夫廟 即章山廟又名感應王廟在建忠里神姓
蔣諱仲賢兄弟五人偽閩時俱為大夫因
名所居里曰五夫今屬崇安既卒鄉人建廟五所
以祀之其在章山者即神也在石廓者諱季實餘
失所在故老傳云神生平忠信謹恪既歿葬五
夫里一夕風雨晦冥次日神墓前香爐花瓶移於
章山石上衆相語曰公在世有德及人今顯靈如
此得非欲血食一方而福民乎乃創小亭以祀之

嘉靖《建阳县志》中章山庙的记载

上。乡民见了，纷纷议论说：“蒋公在世，德业及人，如今显灵，香炉移到章山，是要在此血食（受祭），福佑苍生！”于是，乡民在章山石崖上建起小亭以祭祀蒋仲贤。年成不好，遇到旱涝灾患时，百姓前往祈祷，异常灵验。宋宝祐四年（1256 年），回潭人王褫将亭改建为庙。

蒋仲贤有一位弟弟叫蒋季实。蒋季实被供奉在另一座庙里，称石廓庙，如果根据古人取名“伯仲叔季”的排行，蒋仲贤是老二，蒋季实是老四。那时，蒋季实在回潭一带还没有单独立庙祭祀。一天，乡民准备席地祭祀蒋季实。突然，暴风吹席，将席子卷起，一直飘，飘到石廓村（如今的溪洲）才停，于是乡人就在石廓村建庙祭祀。宋高宗建炎年间，建州民变，范汝为及其部下熊志宁等攻破建阳城，五夫的情势危急，乡民非常害怕，相继前往石廓庙祈祷。不久，范汝为部众流窜到五夫，正要纵兵烧杀抢掠，却见山林草木全都变成人形，影影绰绰。范汝为的乱兵非常害怕，溃逃而去，五夫安定。

蒋仲贤五兄弟生活在五代十国时期。彼时，军阀割据，天下纷争。福建为王审知主政，史称闽国。蒋氏兄弟都仕宦闽国并官至大夫，所居之地就称“五夫”。

《五夫里志》则记载：“东晋有蒋氏者，官至五刑大夫，故有五夫之名。”

原来，五位兄弟，还关乎一个地名。

到明朝的时候，祭祀蒋仲贤五兄弟的五座庙只有蒋大夫庙和石廓庙依然还在。如今，石廓庙也难以寻找了。回潭的章山庙每年的正月初一，仍然是百姓前往的祈福之地。章山神被塑成官员模样，左右各一位侍者，据说，章山神掌管回潭的孩子出生与老人去世。“死生亦大矣”，如果百姓安生顺死，就天下太平了。

附

章山·章山庙·石廓庙

章山，在建忠里。高广百仞。下有章山王庙。又名感应王庙，神姓蒋，名仲贤，事详《坛庙》。

——民国《建阳县志》卷二

章山庙，《通志》作“蒋大夫庙”。又名感应王庙。在建忠里章山下。神姓蒋，讳仲贤。兄弟五人仕伪闽，俱为大夫，因名所居里曰“五大夫里”，今属崇安县。既卒，乡人建庙五所以祀之。其一在章山者，即神也。神平生忠信谨恪，殁葬五夫里。一夕风雨晦冥，墓前香瓶忽移于章山，里人谓其德在人，宜血食一方，今又显灵如此，乃创亭以祀之。水旱疾疫，有求皆应。宋宝祐丙辰，里人王禠更立庙。旧志云，原籍田二亩四分一厘六毫。

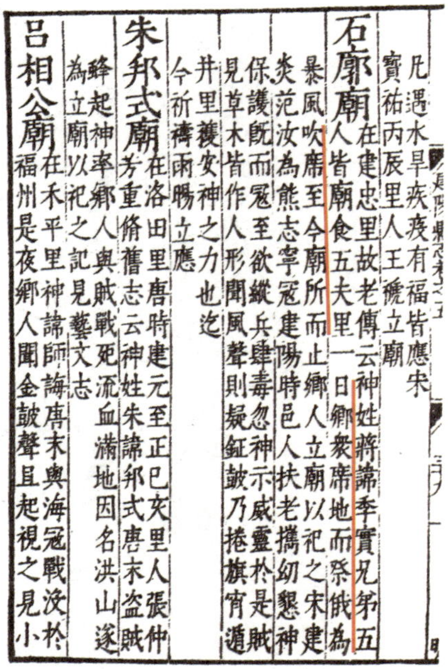
凡遇水旱疾疫有福皆應宋
寶祐丙辰里人王禠立廟
石廓廟在建忠里故老傳云神姓蔣諱季實兄弟五
人皆廟食五夫里一日鄉衆席地而祭俄為
暴風吹席至今廟所而止鄉人立廟以祀之宋建
炎范汝為熊志寧寇建陽時邑人扶老攜幼懇神
保護既而寇至欲縱兵肆毒忽神示威靈於是賊
見草木皆作人形聞風聲則疑鉦鼓乃捲旗宵遁
井里護安神之力也迄
今祈禱雨暘立應
朱邦式廟在洛田里唐時建元至正己亥里人張仲
芳重脩舊志云神姓朱諱邦式唐末盜賊
蜂起神率鄉人與賊戰死流血滿地因名洪山遂
為立廟以祀之記見藝文志
呂相公廟在禾平里神諱師誨唐末與海寇戰沒於
福州是夜鄉人聞金鼓聲且起視之見小

嘉靖《建阳县志》中石廓庙的记载

石郭庙，在建忠里溪洲。神姓蒋，名季实，即章山庙神之弟。旧庙在五夫里，一日乡众席地而祭，忽大风吹席至今所而止，乡人因建祠祀之。宋建炎，范汝为合熊志宁来寇，邑人祷之。贼至，见山林草木皆人形，乃大惊溃，井里获安。至今祷祈立应。国朝康熙壬戌重修。

——民国《建阳县志》卷八

康熙《建阳县志》中章山庙

蒋大夫庙，在建阳建忠里，一名章山庙，神蒋仲贤，兄弟五人仕伪闽，俱为大夫，因名居曰五夫里，今属崇安县。神弟季实，有庙，在石郭村，曰石郭庙，宋建炎中，范汝为寇建阳，邑人祷之，寇至，见山林草木皆人形，乃大惊，溃，井里获安，至今祈祷立应。

——乾隆《福建通志》卷十五

回潭古朴的老村

东田的王法昌

释元贤《建州弘释录》有记载建阳福先寺中有两位修行者，其中一位是“宋建阳福先寺王圣者”：

> 宋建阳福先寺王圣者，名法昌。本邑东田人。幼失父，孝养其母。庆历中剪发为头陀。入福先寺，勤行劳苦，不拔生草，不砍生木，身多虮虱，时常翻易，使与均饱，人皆忽之。熙宁辛亥告人曰，吾明年去矣。莫之信。果于次年五月十八日无疾坐化，里人始惊异之。赐谥慈戒大师，肉身犹存。

王圣者的法名叫法昌，将口镇东田村人。王圣者幼年丧父，与母亲相依为命，非常孝顺。庆历年间（1041－1048 年）剪发为头陀并到福先寺修行。王圣者非常勤劳，不辞辛苦，又极有善心，即便是种菜烧饭，也不拔生草，不砍生木。身上长了虮虱，他就时常将衣服翻开，让躲在角落的虮虱都能吸到血——平均主义，每个虮虱都不落下。百姓并没有在意这样一位独自修行的僧人。熙宁四年（1071 年），王圣者对人说：我明年要离开人世。没有人相信他的话。第二年五月十八日，王圣者果然无疾无病而坐化。彭墩一带的百姓才觉得王圣者的神奇。王圣者后来被赐谥为慈戒大师，肉身一直不腐。

王圣者的肉身在福先寺，福先寺在童游的彭墩。

福先寺，五代唐天成间建，昔有慈济、慈戒二禅师苦行于此，一仰首、一俯首，灵骨犹存。

——乾隆《福建通志》

彭墩的福先寺，建于后唐天成二年（927 年），寺中除了王圣者外，还有一位是“宋建阳福先寺姚圣者”。如今，主殿塑有三位神像，百姓的称法是：王佛祖师、姚佛祖师、文佛祖师。与其他神殿不同的是，王佛祖师居正位，端正目视前方；两边，则文佛祖师抬头，姚佛祖师低头。

龙潭庙

龙潭庙，在雒田里东田。清道光十四年毁，十九年重建。

——民国《建阳县志》

东田的龙潭之畔，建有一座庙，庙叫龙潭庙。古老的龙潭庙至迟在1917年就被改建成学校了。据民国《建阳县志》记载，1917年，邱阳、陈绍虞、邱玉书、张丽南、邱鸿来、傅德信等人创办第六国民学校，地点就是东田村街头的龙潭庙。当时教室1间，可容20多人。特别室1间，教员

芹溪五曲的龙潭庙

室和自习室3间。

东田百姓好学向善，把龙潭庙改建成学校，位置极好，就在东田村的街头，这里是水陆交汇点，要冲之地。东面去崇雒；西面到将口；南面过龙潭桥上砚山；北面翻过梅子岭到南台。

龙潭庙的主神是洪山公。

中国的村镇，都建有寺院宫观，各村各镇，都有自己信奉的神灵。一些神灵，信众较多，受到帝王赐封，像东岳大帝、玄武大帝、东平王（张巡）、妈祖（林默娘）、奶娘（陈靖姑）等。建阳本土也有一大批的神灵，白塔山的三皇元君、武仙山的武仙公、擎天岩的祖公老佛、洪山的洪山公等。

龙潭庙的主神洪山公实有其人，名叫朱邦式。

朱邦式是唐朝末年人，生活在芹溪一带。唐末，黄巢入闽，朱邦式率乡人抵御，在兴贤下里（今徐市宸前），建阳的水口处，朱邦式战死，鲜血染红了他战死时的那座山，也即如今界隔建阳、建瓯的那座山，人称此山“洪山”，其实是“红山”，因为“洪”“红”同音。洪山下的溪流有石滩，就称“洪滩”。洪滩就在今宸前水库的水坝处。朱邦式战死后，被封为孚佑灵侯洪山圣王，敕葬在崇雒，墓旁有一棵楠木，非常大，要几个人合抱，墓碑的字斑斓如彩霞。

人们感于朱邦式的忠勇卫民，建庙供奉，可以考察的至少有4座。

一座在崇雒，据长者介绍，就在崇雒中学前的溪边，从崇雒的洪山庙开始，就可以行船走水路了，是芹溪九曲的起点。

一座在徐市镇宸前的洪山，这些年洪山上的寺庙名字不断变更，近来又叫凤凰仙馆，寺庙所供奉的，也不知哪位神灵是洪山公了，或许已被遗忘。

一座在将口的傅屯，是一座小庵，供奉很单纯，就是洪公，庙门上写着“洪岳庙”三字。

傅屯供奉洪公的洪岳庙

徐市镇宸前洪山上的洪山寺

还有一座就是东田的龙潭庙。

龙潭庙在东田村的后山上，庙门上写着对联：

鸣山洪山在此殿，芹溪九曲到龙潭。

意思是，芹溪九曲流到此处，形成一汪深潭，潭中有双龙，所以称龙潭；龙潭之畔建的寺院叫龙潭庙，庙中供奉着鸣山公王、洪山公王。每年农历八月十四，村里举办传统的“洪山庙会”。

龙潭庙是芹溪九曲中极为重要的一个节点，结合朱子诗“龙去潭空名常在”，可以推断，当时东田的街头，正是芹溪的第六曲。

芹溪冲积，龙潭水阔，在龙潭庙，突然水流变窄，就建起龙潭桥，旁边，是肥沃的田野——龙潭陂。龙潭陂在东田的桥头，溉田六十一亩。

附

朱邦式·洪山·洪山庙

朱邦式，雒田里人。唐末盗贼蜂起，邦式率乡人御之，战死于兴贤下里之洪山。洪山者，以邦式死时血渍其山，殷然作红色，“洪”与“红”同音，故讹为洪也。邑人因立庙祀之，并立庙于雒田里之崇雒街。

洪山在兴贤下里，当阳、瓯之界。上有洪山庙，祀邑人朱邦式。唐末，邦式率乡人御盗战死，血渍山上，因名洪山，以“洪”音近“红”也。山下有滩曰洪滩。

唐孚佑灵侯洪山圣王墓在雒田里。唐时敕葬。傍有楠树一株，大数围，碑字斑斓如霞。

洪山庙在雒田里。唐时建，祀里人朱邦式。清咸丰八年毁，仅留上殿。同治乙丑四年重建，宣统三年重修。正殿之左有文昌阁，清光绪间新建。

徐市镇洪山庙远眺

——民国《建阳县志》

红色文化

——建阳最初的革命之火

建阳最初的革命火种是在石维点燃的。

1929 年 1 月，建阳县第一个中共特别支部在石维村苦竹洋成立，陈顺昌同志任支部书记。陈顺昌发动成立民众会的组织——民众组，石维村 55 户农民有 54 户参加了民众会。此后，在特支的组织发动下，崇雒、石维等 20 个村庄出动了 200 余名民众队队员参加陈耿、杨峻德领导的民众武装，前往攻打五夫。

1931 年 4 月，中共建阳县委、县苏维埃政府在将口灵凤村成立中共将口区委、区苏维埃政府，胡冎嫩任区委书记，陈春老任区苏维埃政府主席。

1931 年 9 月，建阳独立营配合中共领导的闽北独立团团长黄立贵率部攻下回潭。回潭一战近 8 个小时，歼敌 160 余人，生俘 30 余人，缴获步枪 150 支，还有大量的弹药、棉衣、日用品。敌人慑于红军的威力，四年内不敢进犯回潭苏区。

1931 年 11 月间，建阳县独立营配合闽北独立团攻入将口镇，随即，将口苏区政府由灵凤迁至将口。

先烈之血，让我们铭记那段峥嵘的光辉岁月，传承红色基因，弘扬红色文化。

石维村，点起建阳革命的火种

1928 年 1 月，陈顺昌在童游建立建阳第一个中共党支部，任支部书记。为配合崇安东乡农民暴动，到崇安南部与建阳北部接壤的石维、洄潭开展革命活动，率领民众参加中共崇安县委领导的崇（安）浦（城）边境农民暴动。暴动失败后，在石维建立中共建阳县特别支部，任书记。

——范宝俊、朱建华主编：《中华英烈大辞典》

1928 年 1 月，建阳就建立了党的地方组织——中共建阳支部。1929 年 1 月，刚成立的中共建阳特支领导民众参加了以上梅为中心的崇浦农民暴动，打响了建阳人民反对国民党反动统治的第一枪。

——严仁秀主编：《闽北老区乡镇革命史》

建阳最初的革命火种是在石维点燃的。

陈顺昌在石维率领民众参加以上梅为中心的崇浦农民暴动，打响了建阳人民反对国民党反动统治的第一枪。

陈顺昌，小名曷嫩，建阳童游人，世居建阳彭墩张源村，生于清光绪三十一年（1905 年）。

陈顺昌长大后由姐夫资助进入私塾读书，后来到建瓯培汉中学就读。

石维革命老区村

1926 年秋，陈顺昌考入省立福州第二中学师范部就读。在校与共产主义青年团员周宗夷过从甚密，在其影响下，迅速提高觉悟并加入了共产主义青年团，与闽北籍同学陈良英、张固（原名张肇监）、朱民生等一道刻印宣传马列主义传单、标语，在福州市内张贴。年底加入中国共产党，是建阳的第一名中共党员。

1927 年 4 月 3 日，国民党右派在福州发动了反革命政变，1927 年 4 月 12 日，蒋介石在上海发动反革命政变，疯狂地搜捕共产党人和进步人士。整个福州陷入一片白色恐怖之中，在福州的崇安籍共产党员安宇、董涵球、董世闻、左诗赞等先后回到崇安。

崇安籍的共产党员中，有一位徐履峻，正开始筹备成立中共崇安特别支部。

徐履峻，原在南京金陵大学读书，后来到了福州加入了中国共产党并遵照党组织的指示回家乡开展工农运动，建立崇安县农民协会，大力宣传“打倒土豪劣绅”“打倒贪官污吏”“减租减息”“耕者有其田”等主张。一时间，兴田、五夫、上梅、下梅、岚谷、坑口、大安等地纷纷建立农民协会。崇安县的兴田、五夫、上梅均与建阳接壤，与建阳的石维、回潭、杨香等将口的下辖村犬牙交互，连接紧密。

因为陈顺昌的同学——从福州返乡的崇安籍共产党员安宇、董涵球、董世闻、左诗赞在崇安开展秘密活动，陈顺昌很快加入了革命活动的洪流。

此时，共产党员在崇安的活动受到国民党右派的破坏。徐履峻经江西的九江到武汉，向党中央汇报崇安工农运动的形势。7 月，党中央为了尽快恢复福建党的组织，派遣陈昭礼、徐履峻和潘超人三人来闽北开展建党工作。徐履峻回乡后在武夷山大埠村的自家中召开党员会议，陈昭礼作了国共合作破裂后的形势报告。接着，成立中共崇安特别支部，徐履峻任特支书记。

1927 年底，鉴于崇安县党团组织的发展，中共福建临时省委决定，撤销中共崇安特别支部，成立中共崇安县委，指定特支书记徐履峻为县委书记。1928 年 1 月，党组织在崇安上梅召开全县党团组织负责人联席会议，会议一致拥护徐履峻担任崇安县委书记。

中共崇安特别支部成立后，随即派陈顺昌回建阳发展党员，建立党组织。陈顺昌回到建阳的童游开展建党工作。很快将原在私塾同窗共读的好

灵凤村的民房

友李庄捷、丁荣库和两名外地工匠发展为党员。1928 年 1 月，在童游陈顺昌家中成立了建阳县第一个地方党组织——中共建阳党支部，陈顺昌任支部书记。

1928 年 7 月，中共福建临时省委根据“八七”会议精神，“实行土地革命，建立苏维埃政权”。崇安县委领导徐履峻、陈耿等人分赴各乡，筹划暴动。

不久，中共崇安县委组织委员陈耿以米商的身份为掩护，来到建阳向陈顺昌等党员宣传崇安组织民众会，开展抗捐、抗税、抗债、抗粮、抗租等“五抗”斗争的情况。并要求陈顺昌到崇安接壤的回潭、石维等村庄组织民众会开展工作。于是，陈顺昌根据部署，中共建阳支部的工作重点北移。陈顺昌单身前往回潭、石维等村，发动贫苦农民参加民众会，组织秘密的农民武装——民众队。

石维下程元村

石维村，中共建阳特别支部成立

石维村（即“石维下村”）经受了一场浩劫。敌人把煤油泼向民房，纵火焚烧，全村房屋除一户（与五夫民团头目有亲戚关系）外，全部烧光。

——南平市老区建设促进会、南平市革命老根据地建设办公室编：《红色历史 永恒记忆》

1928年9月28日（中秋节），震撼闽北的第一次上梅农民武装暴动打响了。上午9时许，崇安县委书记徐履峻率领20名精壮的民众队员，捣毁了日本买办牛焕书松木厂办事处，收缴手枪1支，并抓捕经理陈光盛，随即召开群众大会进行斗争。与此同时，民众队还分头到各村抓捕反动土豪。

10月1日，县委在上梅召开暴动大会，4000多名群众参加，徐履峻宣布了暴动纲领和民众局的成立。会后，民众队员烧毁了缴来的地契、债单，破开崇安大地主朱、万两家在上梅的粮仓，将粮食分给劳苦农民。几天后，县委在上梅又召开了减租大会，“到者三千人，当场通过减租二成，同时拘捕豪绅十余人，枪决一人，豪绅非常恐慌，纷纷迁往他县，一般地主答应减租”。（南平市人民政府网站，《第一次上梅暴动震撼闽北》）

这次大会，有力地推动了纵横百里的起义区内的农民运动，会后各地农民纷纷揭竿而起，声势逐日扩大。上梅暴动揭开了中国共产党领导的崇安武装斗争的序幕。

上梅暴动，威震四方，波及各地，使闽北反动军政当局极为震惊。

卢兴邦带着反动民团开始向上梅大举进攻。

当时卢兴邦盘踞闽北。1926 年，卢兴邦的部队与北伐的国民革命军攻克沙县、南平、古田、建瓯、邵武等地后，受编为国民革命军新编第一独立师，卢兴邦任师长，兼任闽北各属绥靖委员。1927 年 7 月，国民政府福建省政府成立，卢兴邦跻身十几个省政府委员之列，成为官方的头面人物。其实际统治区域包括延平、顺昌、将乐、永安、建瓯、建阳、崇安、浦城、松溪、政和、邵武、光泽、建宁、泰宁、尤溪、大田、清流、连城、归化、古田、屏南等 22 个县，各县的县长均由卢兴邦委派。

卢兴邦绝不容许在他的地盘上有暴动。

10 月 31 日破晓前，天空阴沉沉的。连续几天劳累的徐履峻想派人到省委汇报情况，请赣东北红军来支援，便来到民众局办公室。忽然，敌人乱哄哄地从村外涌来，他急忙躲到墙边。但回头一看，村这头也晃动着人影。原来，被释放的首阳村的反动土豪带领浦城的反动军队和民团，从东北边抄小路合围偷袭来了。这时，上梅民众会武装主力都在东南面防守要隘，村里只有妇女小孩，组织反击已经来不及了。徐履峻想找人通知民众会，便迅速翻过几堵矮墙，准备冲出村外。敌人见到有人，马上包围上来。徐

石维村怪异的石头

履峻立即躲进一个谷仓里。由于反革命分子突然间向敌人告密，徐履峻立即爬上屋顶。敌人端着明晃晃的刺刀包围上来。徐履峻伏在屋脊上，掏出“白朗宁”手枪，击毙了几个敌人，他知道已无法脱险，决心履行入党誓言，永不变节。他将最后一粒子弹留给自己，为人民的解放事业献出了血肉之躯。他牺牲时年仅 32 岁。

同年 11 月，中共福建省委派杨峻德以省委特派员的身份到崇安指导工作。12 月 15 日，杨峻德和陈耿在岚谷乡燕子岩主持召开中共崇安县委会议，总结崇安上梅第一次武装暴动的经验和教训，重新部署第二次武装暴动工作。

陈顺昌从石维启程赴岚谷乡参加燕子岩会议，接受了参加暴动的任务。会后，陈顺昌回到建阳北乡率民众队参加第二次上梅农民暴动。

12 月 23 日，陈耿率先在东乡捉拿恶霸唐锡贯。

陈顺昌全力配合第二次上梅农民暴动，到回潭、石维周围 20 多个村庄（包括崇安管辖的邻近石维的南树下等村庄）发动成立民众会的组织——民众组，其中以石维村最为突出，全村 55 户农民有 54 户参加了民众会。

民众会隶属于崇安县委的民众局。

革命的星星之火已有燎原之势。

1929 年 1 月，为适应形势发展的要求，在石维的中共建阳支部升格为中共建阳特别支部，陈顺昌任特别支部书记，归崇安县委领导。

随着革命形势的发展需要，在发展民众组的同时，特别着力发展秘密武装力量——民众队。建阳特支成立后，工作地区日益扩大，民众队的规模也随之扩大，为苏区的建立奠定了坚实的基础。

1929 年 1 月 20 日，陈耿率民众队攻打首阳村，捕获参与袭击后坜村的反动分子杨守纪。与此同时，崇安北乡和西乡也发动武装暴动，参加暴动人数近万人。1 月 29 日，陈耿在上梅的下屯村集中 1000 余人，召开第二次

石维村上畲村的老巷

暴动大会。

陈耿领导的第二次上梅暴动，民众队迅速控制以上梅为中心的30多个村庄，尔后，短短几天内，又影响到崇安大部、浦城西部、建阳北部、铅山南部纵横100多里的广大地区。暴动的成功，为建立闽北红军和闽北苏维埃政权奠定基础。

暴动胜利后，中共崇安县委在上梅召开党代表大会，陈顺昌被推选为县委委员，参加崇安县苏维埃政府的筹建工作。

陈顺昌领导的建阳特支此前已秘密购置枪支弹药，为武装群众做好准备。2月，在特支的组织发动下，崇雒、石维等20个村庄出动了200余名民众队队员参加陈耿和杨峻德领导的民众武装，前往攻打五夫，余春辉、邱小妹、吴金生等3人牺牲。

1929年6月，五夫及附近地主、土豪纠集民团配合国民党军队近千人，向石维、回潭等村袭来。刘金备等数名武装民众被捕，牺牲在五夫和回潭两地。石维村经受了一场浩劫。敌人把煤油泼向民房，纵火焚烧，全村房屋除一户（与五夫民团头目有亲戚关系）外，全部烧光。

回潭战役

回潭一战，近 8 小时，歼敌 160 余人，生俘 30 余人，缴获步枪 150 余支，弹药、棉衣裳、日用品无数。此后，敌人慑于红军威力，4 年内不敢进犯回潭苏区，从而使崇安、建阳苏区得以巩固。2008 年 6 月，中共建阳市委、市人民政府在将口镇回潭村东南方 300 米处设立回潭战役纪念碑。

——中共福建省委党史研究室编：《红土地见证——福建中央苏区遗址遗迹巡礼》

1930 年 4 月 12 日，中共崇安县委在上梅成立临时革命政权——崇安县革命委员会。5 月 1 日，崇安县第一次工农兵代表大会在上梅召开，选举成立崇安县苏维埃政府，闽北第一个县级苏维埃政权——崇安县苏维埃政府诞生。

陈顺昌带领的建阳特支从民众队员中挑选精干队员组成农民游击队，坚持游击战。特支工作范围由建阳往崇安的兴田、黄土、虹桥一带发展，经过半年的宣传发动，从东起石维、南树下，西至竹鸡垅，北至澄浒，纵横近百里的区域范围内，几乎所有乡村都有民众会和民众队的组织，工农武装割据的局面基本形成。1930 年 10 月，在澄浒村正式成立建阳县行动委员会和县苏维埃政府。县委书记陈顺昌，县苏维埃政府主席邱有贵，下设

回潭战役旧址

(建阳·1931.2)

位于南平市建阳市将口镇回潭村。

1931年2月27日，国民党军刘和鼎五十六师出动1个营，连同附近各地的反动民团、大刀会等700余人，对崇安、建阳苏区要地回潭发起大规模进攻。由于刚建立不久，力量较为单薄，回潭区苏维埃政权决定暂时撤离回潭。为打击国民党军的嚣张气焰，解除对苏区的威胁，3月10日，闽北红军独立团在团长黄立贵的率领下兵分三路围攻回潭。回潭一战近8个小时，歼敌160余人，生俘30余人，缴获步枪150支，弹药、棉衣、日用品无数。此后，敌人慑于红军威力，4年内不敢进犯回潭苏区，从而使崇安、建阳苏区得以巩固。

2008年6月，中共建阳市委、市人民政府在将口镇回潭村东南方300米处设立了回潭战役纪念碑。

回潭战役纪念碑

回潭战役时闽北红军独立团修筑的战斗工事

《红土地见证——福建中央苏区遗址遗迹巡礼》中记载的“回潭战役”

组织、宣传、土地、妇女、财政、司令等部和独立营。建阳县委、县苏维埃政府下辖6个区：澄浒区、黄土区、星村区、竹鸡垅、永兴区、将口区。

11月，闽北独立团、县独立营、各区游击队联合攻下将口镇。年底，苏区工作发展到麻沙、七宝、吕屯、焦岚、樟埔与翁山。12月，竹鸡垅成立一支有70余人60余支土枪的红军补充连。

回潭是建阳民众队成立最早的村庄之一，1929 年，回潭、石维等村出动民众队员参加了第二次上梅暴动后，回潭成立了区委、区苏维埃政府。

建阳苏维埃政府政权的建立，使国民党当局及地方反动民团极为恐惧。1931 年农历正月十一，国民党当局派出刘和鼎五十六师一个营，会同附近反动民团、大刀会等共计七八百人对崇安、建阳苏区要地回潭发动大规模的进攻。由于回潭区苏维埃政府才刚刚建立不久，力量单薄，为避免损失，区苏维埃政府暂撤离回潭，移至石维村。撤离时留下王秀仔等 4 位同志，设法打入敌人内部，侦察敌方的火力部署情况。

敌方刘和鼎部攻占回潭后，在回潭布置了 4 个据点：北面后门山驻一个连；村头苦竹山高地驻一个排；村内奶娘庙南民房内驻两个排；西面狮子山顶峰驻扎一个连。民团、大刀会等分散驻扎村内。

我方潜伏的王秀仔等在侦知以上情况后，立即将兵情向石维区苏维埃政府汇报，区里又及时向闽北特委报告。为了打击敌人的嚣张气焰，解除敌人对苏区的威胁，闽北红军独立团在团长黄立贵的率领下，于 1931 年正月 21 日到达南树下，连夜召开联席会议，研究制定作战方案，决定：一是抽调 50 名战士组成敢死队，配备最好的武器，强攻回潭后门山制高点。为防止打草惊蛇，敢死队从南树下绕至石维，再由石维直插回潭后门山；二是派 100 余人也同时绕道至石维，再经回潭东面，暗渡回潭河，抢占南面豆夹坪小山包，断敌南逃归路，伺机歼灭敌人；三是再以 100 余人直接自南树下出发，沿回潭西面一个小水沟方向，甩开狮子山之敌，切断胡巷至回潭的通道，阻敌西窜。此外留下百余人作为机动力量，暂驻南树下。一俟解决后门山与回潭村内之敌以后，集中火力强攻狮子山。

在联席会议之后，闽北红军独立团的三路人马漏夜分头出动。

战斗于 22 日拂晓在回潭后门山打响。担负主攻的敢死队 50 名队员，趁黑摸近敌人哨棚，一枪干掉了敌人的哨兵，哨棚内的敌人在睡梦中被枪声惊醒，还没弄清是怎么回事，敢死队员已全部冲进哨棚。敌人来不及摸枪反击，大多数就被击毙，少数生俘。红军战士占领后门山制高点后，乘胜向村内及苦竹山两处敌据点发射密集的子弹。

回潭革命纪念碑

被困在村内之敌，眼看后门山制高点已为红军所占，他们失去了依托，个个仓皇逃离村庄，涌向南岩，抢占豆夹坪小山包，与狮子山守敌形成夹击之势，企图反扑，但为时已晚。自石维村出发的另一支百余人的红军游击部队，早已抢先占据了豆夹坪，正严阵以待。回潭村内外逃的两个排和民团、大刀会等数百人，糊里糊涂地钻进了红军的火力网，绝大部分被歼毙于豆夹坪前的开阔地带上。兴田反动民团团长江长发也在此丧命，其他团众则如鸟兽散。

据守村头苦竹山的敌方一个排，也因孤立无援，不敢固守，丢下阵地，匆忙沿着回潭至胡巷小路撤去，独立团二营营长周治安误以为这是一些零散逃亡之敌，领头高喊“缴枪不杀”。不料，敌方一排长趁其不备，偷偷端起轻机枪向我方猛烈扫射，我军猝不及防，当场死伤十余人，周治安营长

南树的红军桥

全身枪伤多处，并被打断一条手臂，在抬往南树下的途中牺牲。由于石桥附近无险可守，这一排敌兵终于登上了狮子山与山上守敌会合。

红军独立团在连续攻占后门山及豆夹坪制高点并清除村内残敌之后，原驻南树下的后备兵力也及时赶到。当日下午1时，独立团集中火力，猛攻狮子山守敌。因山势陡峭，狮子山的守敌怕再遭到红军的攻击，于是，趁红军暂时停止攻击的间隙，慌忙地从西边山坡往下溜，丢下狮子山据点，向将口逃窜。

回潭一战，前后不到8个小时，一共歼敌160余名，生俘30余人，缴获步枪150支，以及弹药、棉衣、日用品无数，这一歼灭战，大煞敌人凶焰，大长革命群众的志气。数日后，回潭区苏维埃政府又自石维返回回潭。不久，回潭划归中共建浦县委管辖，改称建浦一区。回潭一战之后，敌人在我闽北红军的打击下，慑于红军威力，其主力部队长达四年不敢入侵回潭，从而使崇安、建阳苏区得以巩固。

科举文化

——科举、荐辟、封赠与恩荫

1313年，元朝启动了沉寂许久的科举考试，制定“科举程式”，根据规定，科举的“四书五经”都有指定用书。

《大学》《中庸》《论语》《孟子》的科举用书是朱熹的《四书章句集注》。

《易经》是程颐和朱熹的注疏本。

《尚书》是蔡沉的注疏本。

《诗经》是朱熹的注疏本。

《春秋》是左氏、公羊、谷梁三传及胡安国、张洽的注疏本。

《礼记》是古注疏。

除《礼记》之外，四书五经其余八本注疏本中朱熹、蔡沉、胡安国三人都是闽北人。朱熹占了6部、蔡沉1部、胡安国1部。

1905年，科举考试被废除。自1313年至1905年，闽北有8部科举教材的现象基本没有改变，这一现象是一个值得让人思考的课题。

“丁显，字彦伟，崇文里人。明太祖洪武十八年乙丑科，中式第一，廷试以第一人，授翰林院修撰。”明代福建最早的状元丁显是将口人。明代科举以登进之，荐举以旁招之，铨选以布列之，以网罗天下人才。三途之中，又以科举为盛，卿相皆由此出。正好，我们借此对科举考试的体系进行一次简要的解读。

科　举

十万进士

按民国《建阳县志》记载：“丁显，字彦伟，崇文里人。明太祖洪武十八年乙丑科中式第一，廷试以第一人授翰林院修撰。”状元丁显的籍贯所在地是将口。

宋朝的时候，傅镕、傅铣也基本可以确定是以将口傅屯的籍贯考中进士的。将口的进士就至少有 3 人。

明、清两朝将口的乡试录取 5 人，明、清两朝的贡生，包括岁贡生、选贡生、恩贡生，将口有 26 人，还有一位因荐辟而任官的，另明清时有武举生 3 人。

古代出仕的途径主要有以下几条：其一，科举和武举，即考进士和武进士，完全通过考试任官；其二，通过推荐当官，称“荐辟”，就是因德行、才华突出而被荐举；其三，通过恩荫当官，也就是门荫制度，不需要通过任何的考试，就享受到家族的荣光而出仕。明代大儒黄淳耀称：“国初三途并用，其最重者荐辟与乡贡，次乃及于科目，其有茂才异等，晓习兵农礼乐、天文地理、河渠律历、兵阵壬奇诸科者，皆不由场屋，一出即为台阁妙选、方面大臣。”黄淳耀的话简明地道出了古代选拔人才的三种方式：荐辟、乡贡、科举。三种选拔人才的方式主要区别在于选拔过程中考试所起的作用。科举必须通过层层考试，完全通过考试实现人才的选拔；荐辟是通过推荐，实现人才的选拔；乡贡是通过考试进入学校学习，择优推荐，既要推荐，也要考试。但是，从实习科举考试以来，科举就一直是衡量一个地方的人才的硬指标。

科举制度是中国历史上的考试选拔官员的一种基本制度，其渊源在汉朝，创始在隋朝，确立在唐朝，完备在宋朝，兴盛在明、清两朝。

光绪三十一年（1905 年），中国历史上最后的一次科举考试举行。这次科举考试的状元是刘春霖。这一年，为了“革千年沉疴之积弊”，清帝“立停科举以广学校”，9 月 2 日，废除科举。因此，光绪三十一年的科举考试就成了历史的绝响。

从隋朝大业元年（605 年）的进士科算起到光绪三十一年的正式废除，科举取士整整绵延了 1300 年。在漫长的 1300 年的科举考试中，共有 700 多名状元、近 11 万名进士。余秋雨先生就曾以《十万进士》为标题写过一篇散文，他说：“从公元六世纪末开创的科举制度，通过文化考试选拔各级官吏，时间、地点、程序、内容、法禁都严格规定，居然实行了一千三百多年。这在宏观上创造了两大正面效果：第一，中国虽大，却能够源源不断地涌现出一批批官吏资源管理各方，使中华文明始终未因彻底失序而溃散；第二，普及了一种‘以文取仕’的全民共识，而范围又没有太多限制，极大地提升了整个社会崇尚文化的气氛。”

隋朝首创进士科，被视为科举取士的开端，隋、唐时，“进士科”只是科举各科中的其一，考的是诗赋、财务策问等。因为进士科考上又最难，所以最为尊贵，地位也成为各科之首。

进士及第成为科举的最高荣耀。

进士科的终极考试是殿试，由皇帝决定名次。从宋朝开始，只要参加殿试的考生不再淘汰，全部都会被录取，录取的考生统称“进士”，但依次分成若干个等级，称为“一甲”“二甲”“三甲”。朱子绍兴十八年（1148年）的进士榜就分为“一甲”到“五甲”。一甲的前三名（或者一甲只录取三人），即后世所称的状元、榜眼、探花。一甲称“进士及第”；二甲若干（清朝一般七人），称“进士出身”；三甲相对更多，称“同进士出身”。

殿试之前，有一系列的考试，历代都有调整变化。明清殿试往下依次是会试、乡试、院试。科举考试共分四级。

关于科举，闽北特别是建阳以朱子为代表的文化人，他们的思想与著作，对中国科举产生了长达600年的影响。

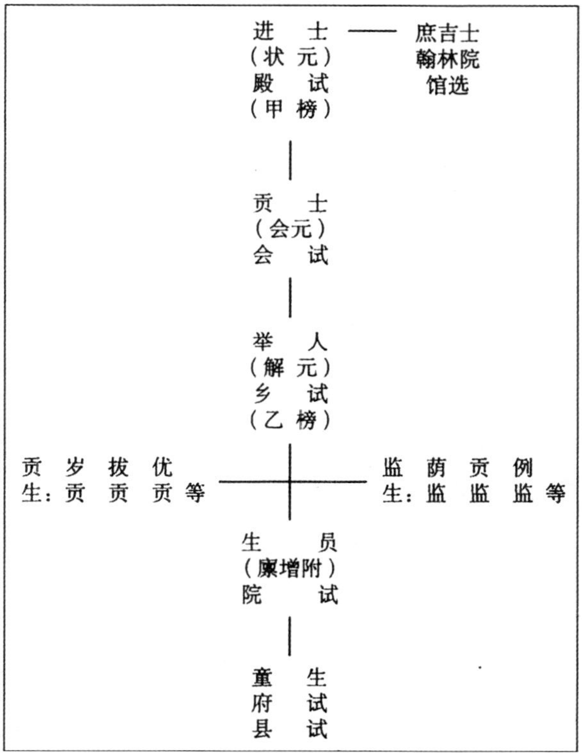

明清科举级次

元朝统治者并不重视科考，但是到了 1313 年，元朝启动了沉寂许久的科举考试，制定“科举程式”，根据规定，科举的“四书五经”都有指定用书。

《大学》《中庸》《论语》《孟子》的科举用书是朱子的《四书章句集注》；《易经》用程颐的和朱子的注疏；《尚书》用蔡沉的注疏；《诗经》用朱子的注疏；《春秋》用左氏、公羊、谷梁三传及胡安国、张洽的注疏；《礼记》用古注疏。

除《礼记》之外，“四书五经”其余八本注疏本中朱熹、蔡沉、胡安国三人都是闽北人。朱熹占了 6 部，蔡沉 1 部，胡安国 1 部。

1905 年，科举考试被废除。自 1313 年至 1905 年，闽北有 8 部科举教材的现象基本没有改变。

院试，秀才不入史志

明、清两朝，最基础的科举考试是院试。

院试也叫童生试，是地方的科举考试，相当于入学考试。虽然称院试，但涵盖了三级考试：县试、府试、院试。通过前两级的考试就是童生，通过第三级的考试称为生员（俗称秀才）。

其一县试，多在二月举行，由知县主持，一般考五场，分别考八股文、试贴诗、经论、律赋、策论等。县试要求有 4 名村里的人和 1 名秀才保举，才可以参加考试。

其二府试，多在四月举行，由知府（或直隶州知州、直隶厅同知）主持，县试已录取的士子才能参加，连考三场。府试要求 5 名村里的人和 1 名秀才保举，才可以参加考试。通过县试、府试的就是童生。童生具备了参加院试的资格。

其三院试，考试时间各州府不相同，由省级主管教育的行政长官主持。

主持的长官或称学政，或称学道等。作为童生试最高一级的考试，考生要有 6 名村里的人和 2 名秀才保举，才能参加考试。院试被录取就可以进到所在的府、州、县的官方学校学习，算是“进学”，虽然他们不一定要到实地去就读，但“编制”已经进去，属于学校教官的管理对象，是国家培养的学生，称为生员，俗称秀才、相公。秀才就等于有“功名”了，可以免除差徭，可以见知县不跪，犯了些事也不能对其随便用刑……

院试除了从童生中选拔出秀才外，还有一个重要的任务，就是对已经是秀才的读书人进行考试排序，并按照成绩优劣分别给予奖惩。

生员（秀才）又分三等：廪生、增生、附生。成绩最好的称廪生。“廪”，粮食。廪生可以从公家领取米粮津贴，可以公粮保障吃饭没问题了，所以又称廪膳生。其次称增生，是“增广生员”的简称，是指定员以外增加的名额，增生不供给粮食。三是附生，“附学生员”的简称，增生外再增名额，所以称附学生。生员刚入学，还没取得廪生、增生资格的生员都称附生。

虽然，秀才也有一定的社会地位，但由于功名不盛，还没有当官的资格，因此，各种史志中，对秀才都没有记录。

乡试，不是乡里举行的考试

将口镇明、清两朝乡试录取的有 5 人。

明嘉靖二十八年己酉科黄士观榜。王泰，字维通，崇文里人。

明嘉靖三十七年戊午科黄才敏榜。翁和卿，字汝节，建忠里人。官兴国县知县。

清顺治十一年甲午科熊臣忠榜。余振翰，字雯鸿，建忠里人，任海康县知县，省、府志作“雷阳县知县”。

清康熙三十二年癸酉科郑基生榜。赵播，字声远，崇文里人。

清光绪二十八年壬寅补行庚子辛丑恩正并科□□□榜。王子懿，字德斋，崇文里将口人，由省咨议局议员任建瓯县知事。

这些进入志书的士人，资料不多，倒是王子懿，做了一件善事，被记载到书中。莒口村尾有一位叫徐瑞隆的，娶了一位姓颜的老婆。颜氏二十八岁时，徐瑞隆就去世了。颜氏一直守节，留下徐占鳌、徐占梅两个年纪尚幼的孩子。颜氏辛苦养大。颜氏六十多岁的时候，王子懿知道这件事，就和其他几位乡绅将颜氏艰辛守节的事情上报当局，使颜氏得到旌奖。

王子懿是举人。考举人不容易。

不是所有秀才都能参加乡试。乡试前，秀才们还要先参加本省学政巡回举行的科考，成绩优良的才能选送参加乡试。

乡试举行地点一般是省城，南北直隶的考生则分别在南京、北京。

乡试年份一般是子、卯、午、酉年（鼠年、兔年、马年、鸡年），每三年举行一次。

乡试的考期一般多在秋季八月初九，所以也称“秋闱”。来自全省各地的考生齐集省城。乡试有正规的考场，和会试一样，都叫贡院。古人认为文脉在东南向，所以贡院一般建在县城或府城的东南隅。贡院内考生的考试场所称“号房”，为了容纳足够的考生，号房的建设是连排的。考生经搜身后，携带笔墨、卧具、餐食进入号房。不论坐卧、答题、饮食、大小便都在号房内。为了照顾考生的生活，派驻士兵入场，称“号军”。号军负责考生的取水、生火等生活起居后勤服务，一名号军大约要负责 20 名考生。贡院内建有明远楼，是考试时监考、巡察等官员登楼眺望的高地。防止考生、号军等作弊。

乡试的考试分三场。第一场安排在八月九日，内容是考“四书五经”。第二场在八月十二日，内容是“论”一道，三百字以上；“判语”五条，诏、诰、表、内科任选一道。这一场主要检验考生是否具备做官的基本条件。第三场在八月十五日，考经、史、时务策五道，考的是治国理念。

乡试的进出场也有规定。八月初九到八月十五是三场考试的日子。三场的入场和交卷出场的时间划分为：提前一天入场，第二天考试，第三天交卷出场。比如，第一场考试，初八日进场，初九日考试，初十日出场。第二场，十一日进场，以此类推。入场日寅时（约清晨三至五点钟）开始点名，经过搜检，考生依号进入号房。号房整排的巷道前的栅门上锁，贡院大门封闭，鸣炮三响。考试那天，子时发放试题。出场那天，由于交卷的时间不一致，所以，会隔一段时间，开放栅门一次。到了有上千人交卷后，贡院大门才开一次，叫作“放牌”。一般是午前放第一牌，午后放第二牌，至傍晚放第三牌时就不再关闭大门了。

乡试确立了严格的保密制度。第一是“锁院”，主考、同考官及有关人员提前两天进入考场，实行“锁院”，一来清除闲杂人员，二来安排好考生的号房并进行公布，三是出题及刻印试卷。第二是“弥封”和“誊录”，考生的毛笔答卷（即墨卷）交卷后，弥封官将姓名糊上，誊录官督促将墨卷抄录成朱卷并编上序号。此时，对读官进行墨卷和朱卷的校对，无误后，墨卷封存，朱卷送主考、同考官审评。阅卷工作在垂帘内进行，阅卷结束才允许撤帘回家，阅卷的官员被称为“内帘”。《明史・选举志二》：“在外提调、监试等谓之外帘官，在内主考、同考谓之内帘官。”阅读结束，由主考官决定名次。录取者的朱卷与封存的墨卷进行核对，没有错误了，就张榜公布名单。榜上有名者即中式为举人，称乙科，或乙榜。举人也称“乡进士”，就是有了功名，即任官的资格，并可参加第二年在京师举行的会试。乡试第一名称为“解元”。

乡试录取的名额不多，以明代为例，录取名额做过几次大的调整，总的趋势是逐渐增加。如洪武三年乡试录取总额为 510 人，万历元年则达 1195 人。如果以明代福建省为例，有明一代共举行 90 科的乡试，福建中举人数共8376人，每榜平均93人，差不多三年时间，一个县平均只能贡献一两个举人。由此，明代的乡试竞争十分激烈，与会试相比可谓是有过之而无不及。明朝末年的顾公燮曾说道："乡试难而会试易。乡试定额，科举三十名中一人。……至于会试，进士有三百余人，其途宽矣。故俗有'金举人、银进士'之谣。"

如此说来，将口的5位举人，也是过五关斩六将，人中之龙。

会试与殿试

举人选拔出来后，就要集中到京城里考试，这场考试称会试，明清两代，每三年在京城举行一次，每次有6000多举人参加，取300名左右进士。因为会试在春季举行，所以又称"春闱"。

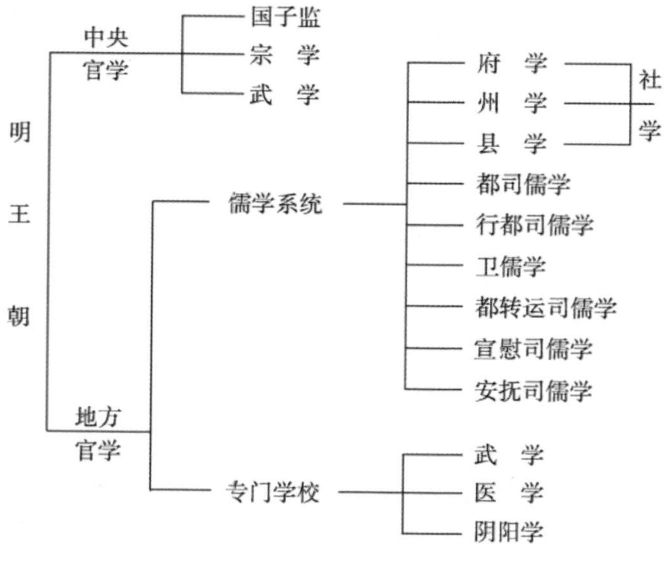

明朝简明学制图

会试的中试者就成功晋级进入殿试，殿试是巅峰对决，是科举制最高级别的考试，皇帝在殿廷上，对会试录取的贡士亲自策问，以定甲第。实际上皇帝会委派大臣主管殿试，并不亲自策问。录取分为三甲：一甲三名，赐“进士及第”的称号，第一名称状元，第二名称榜眼，第三名称探花；二甲若干名，赐“进士出身”的称号；三甲若干名，赐“同进士出身”的称号。

丁显，洪武十八年（1385 年）状元，此前，建阳流传着一句“睡龙惊马出公卿”的谶语。话说建阳城南，有一座勒马山，山下有洑洲。睡龙说的就是洑洲；惊马说的就是勒马山。还有一则谶语：“山之足，有溪田；水推去，出状元。”如果山脚洑洲的田被溪水推移冲毁，睡龙被勒马惊醒，建阳就要出状元。果然，那年谶语应验，丁显状元及第。

丁显，字彦伟，建阳人，洪武乙丑会试第三人，及廷试，显居首唱。先是太祖梦三丝坠地，及传胪，三人姓名俱有丝，与梦叶，太祖甚喜，赐状元，授翰林修撰，后坐言事，谪广西驯象卫，死谪所，太祖闻之，怒曰：显年少自喜，吾故裁之，武将何得不护持，令其赍志没耶？悉论武将罪。

——乾隆《福建通志》卷四十七

《玉堂丛话》：洪武乙丑殿试，先一夕，上梦殿上一巨钉，缀白丝数缕悠扬日下，及拆首卷，乃花纶，以年少抑之，已而得丁显卷，悟姓名与梦符，遂擢第一。

——〔清〕姚之骃《元明事类钞》卷十二

丁显的殿试，带着神奇的故事。

殿试的前一天夜里，皇帝朱元璋做了一个梦，梦见一个特别大的钉子牢牢钉在墙上。殿试主考官让皇帝钦点状元时，朱元璋在 10 名进士中看见丁显这个名字，就想起昨晚做的梦，“丁”就是“钉”，“显（顯）”就是“日”下的“丝”，朱元璋大喜过望，把丁显钦定为状元，人们称之为“应梦状元”。

丁显创造了几个之最：一、中状元时 17 岁，被认为是历史上最年轻的状元，另一位是唐朝的贾至；二、丁显是明代福建最早的一位状元；三、丁显中状元后，授翰林院修撰，也就是从丁显那一榜开始，才第一次有进士直接入翰林的。

又有传说，丁显与名闻天下的武夷岩茶“大红袍”有关。

少年丁显进京赶考，路过武夷山时突然得病，腹痛难忍，巧遇天心永乐禅寺（当时名为“山心寺”）一和尚，和尚将九龙窠采制的茶叶用沸水冲泡给他喝，病痛即止。丁显考中状元之后，前来致谢和尚，并用锡罐装取茶叶带回京城。丁显回朝后，恰遇皇后得病，百医无效，便取出那罐茶叶献上，皇后饮后身体渐渐康复，皇上大喜，赐予丁显一件红袍，并命丁显亲自前往九龙窠披在茶树上以示龙恩，同时派人看管，采制茶叶悉数进贡，不得私匿。此后，那几棵茶树之茶就被称为“大红袍”。武夷岩茶大红袍成了皇家贡品，名传天下。

在东田与崇雒交界处，有一村庄叫孔山，孔山曾有一座状元桥，“明洪武元年丁显及第，葬父珊公，遂造此桥。迄今孔山峡、上丁二村人捐赀修理”。此桥，民国时期，仍然是往来通道。

岁贡·选贡·恩贡

参加科举的考生，除了“社会考生”以外，还有“学校学生”，这类学校学生因为成绩优秀而被选拔到国子监读书的，就叫贡生。

将口镇在明清时期的贡生，主要有岁贡生、选贡生、恩贡生，约 26 人。

什么人才能称得上贡生呢？府、州、县学的秀才通过考试考入国子监读书的便是贡生。

那些秀才们，原来在地方学校读书，是府、州、县学的生员，因为优秀，被送到京师的国子监读书，就成了全国最高学府——中央一级学校的学生。地方把优秀的生员贡献给了中央，贡献给了皇帝，因此那些生员就被叫作贡生。

明清两代的贡生，有许多不同的名目。据明清两史《选举志》记载，明代的贡生有四种：岁贡、选贡、恩贡和纳贡；清代的贡生有六种：岁贡、优贡、拔贡、恩贡、副贡和例贡。

岁　贡

“岁进士”门坊

一些老屋，仍然能看到“岁进士”的匾。

岁贡（明朝、清朝），一般每年或两、三年从地方学校——府、州、县学中选出生员升入国子监读书，即为岁贡。岁贡又称“岁进士”。岁贡的数量并不多，如清朝顺治时规定，各省岁贡士——府学每年1人，州学三年2人，县学二年1人，由各省的学政进行初选，然后造册送到礼部，经过复试，确认学业水平确实达标后，才送到国子监。因为岁贡会考虑两个因素，一是学识水平，二是年龄与资历，所以，进入国子监时贡生很多已经年老体衰。明朝的吴承恩 43 岁才岁贡，清朝的蒲松龄 71 岁才岁贡。

岁进士也不容易。明清两朝，将口出了 15 位进士。

明岁贡

王春，字叔辉，崇文里人。

王铜，字士鼎，崇文里人。

偰圻，崇文里人。任上杭训导，升高要县教谕。

王庭槐，字未详，崇文里人。万历四十三年岁荐，任山东滨州同知。

清岁贡

李凌云，字未详，建忠里鸟巢下人。

梁江柱，字□□，建忠里人。道光十七年贡。

胡钟麟，字□□，建忠里人。光绪辛卯十七年贡。

陈桓，字公瓛，崇文里人。

杨芃，字笏溪，崇文里人。嘉庆二十二年贡。

张炯，字辉镜，崇文里人。

虞梦熊，字磻溪，崇文里人。

詹仰范，字□□，崇文里人。光绪戊子十四年贡。

王明，字□□，崇文里人。光绪二十七年贡。

王献，字□□，崇文里人。光绪三十一年贡。

王为霖，□□□，崇文里人。光绪年贡。

做了贡生以后理论上可以当官了，蒲松龄是岁贡，后来得到一个虚衔“儒学训导”。将口的岁贡有两位有明确的职位，一位叫偰圻，先是任上杭训导，后来任高要县教谕。王庭槐则任职山东滨州同知。

选 贡

选贡，是明朝的说法；清朝，则分成拔贡和优贡。

岁贡选拔到国子监的贡生年龄普遍偏大，于是，在岁贡之外，又有了选贡。据《明史·选举志一》载：“弘治中，南京祭酒章懋言：‘……乞于常贡外，令提学行选贡之法，不分廪膳、增广生员，通行考选，务求学行兼优、年富力强、累试优等者，乃以充贡。’”章懋的意思很明白，就是不要将生员分成三六九等，不管生员的资历如何，而要考虑他们的学识水平，行动能力，如果又年富力强，多次测试都是优秀，就可以选拔上来。章懋的这一建议，便是选贡法，到了清朝，则又分为优贡、拔贡。

明朝的选贡和清朝的拔贡、优贡都是在岁贡之外考选学识、品行兼优者成为贡生的选拔方式。优贡，每三年选一次。各省学政三年任期满时，从本省的生员中遴选出优秀的，报送国子监，即为优贡。每个省就几个名额。拔贡，清初每六年选拔一次，乾隆七年（1742 年）后改为每十二年一次，各省学政通过考核选出本省生员优秀者报送中央，经考试合格即为拔贡，名额是每个府学 2 名，州、县学各 1 名。

将口的选贡生如下：

余邦佐，字治堂，建忠里人，籍建安县学。乾隆己酉选拔。历任福清、宁德、台安、凤山县学教谕，升授甘肃徽县知县，调平凉县知县。旧志缺。

余邦衡，字其平，建忠里人。嘉庆辛酉科选拔。

赵播，字声远，崇文里人。康熙丁卯科选拔，癸酉科举人。

李奇谟，字丕显，崇文里人。康熙丙子科。

王紫诏，字纶如，崇文里人。

王邦彦，字直臣，崇文里人。同治十二年癸酉科选拔。

王邦藩，字价人，崇文里人。光绪十一年乙酉科选拔。

将口的选贡生只有 1 位有任职记录，余邦佐，先是在福清、宁德等地任县学教谕，后来升任甘肃徽县知县，又调到平凉县任知县。

恩贡、副贡及其他

恩贡：凡是遇到皇室或国家庆典，像皇帝登基，那么，府、州、县这些地方学校除了岁贡外，会追加一次选拔进入国子监的机会，此次贡生即为恩贡。

副贡：乡试也就是秀才考举人的考试中，没有考中举人，但成绩不错，可以考虑取入副榜直接送往国子监的贡生，他们是“副榜贡生”，故称副贡。

例贡：是指捐款的，通过“援例捐纳”取得贡生资格的。

将口有恩贡 3 人，例贡 2 人，还有 1 位不是六类贡生中的“职贡生”。

恩贡

明，王世臣，字维翰，崇文里人。任归善县县丞。

清，张虬柏，字如棠，号存亭，崇文里人。仗义疏财，有古人风。乾隆四十五年贡。

清，张虬梅，字占魁，号存素，虬柏胞弟。乾隆五十五年贡。虬梅赋性和厚，事亲能尽孝道。福建学政吉公梦熊于考贡后，尝嘱其随舆入都肄业，梅以母老辞，其薄公名而笃于爱亲如此。然好读书，至老犹手不释卷。遇里党有雀角争，辄从容为之排解，有无私长者之目。

应例（例贡）

清，林克敬，建忠里人。由附贡生捐府经历，分发广西升林县知县，推升常州府通判。

清，胡廷模，建忠里人。咸丰间洪杨之役，土匪蜂起，廷模举办乡团，督率守御，地方安堵。旋阵亡。蒙各宪请奖，世职云骑尉。

职贡

清，王颂声，字鸣琴，崇文里人。廪贡生。任邵武县学训导。

将口的恩贡、应例、职贡都有任职记录，其中王世臣，任归善县县丞；林克敬，任广西升林县知县，后任常州府通判；王颂声，任邵武县学训导。

武　举

北宋庆历三年（1043 年）五月二十一，仁宗下诏在武成王庙设立武学，这是自从武举开设以来中国历史上第一所朝廷创办的军事学校。太常丞阮逸被任命为武学教授。

阮逸是建阳人，中国武学史的第一位教授。

宋代的建阳出过一位武状元——熊安上。

> 熊安上，唐熊衮之八世孙也。大观己丑，中武科第一，累官信德府兵马钤辖，权通判州事。后遇北狩之变，死节边疆，追赠武义郎。
>
> ——民国《建阳县志》卷七《选举志》

熊安上是熊衮的八世孙，大观三年（1109 年）中武状元，靖康之变时，他为国事而死，被追赠为武义郎。

将口出过 3 位武举生，都是清朝的；没明确的科考经历却担任武职的有 3 位，明朝 1 位，清朝 2 位，其中清朝的陈应茂为正六品武职官。

武举

清顺治十一年甲午科陈泰榜，詹澄，崇文里人。

清乾隆二十一年丙子科傅扬名榜，余中，建忠里人。

清嘉庆十二年丁卯科吕兴国榜，王德元，字惟仪，崇文里人。

武职

明，王添启，崇文里人，以军功授应天游击。

清，王大标，崇文里人，任延平城守左营千总。

清，陈应茂，字恭臣，崇文里灵凤人。

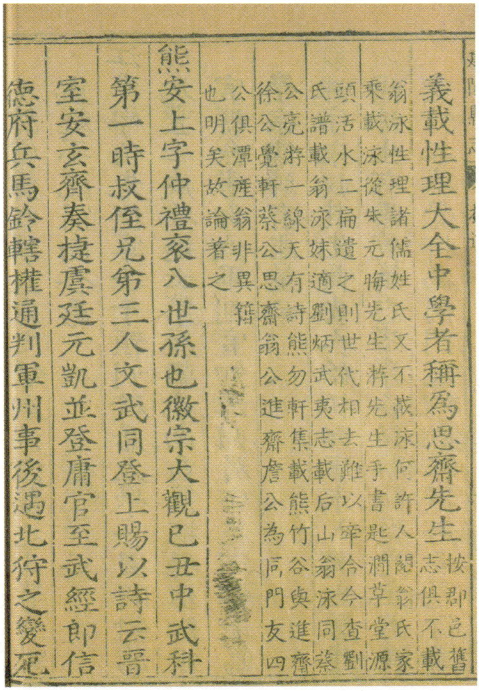
義載性理大全中學者稱爲思齋先生按郡邑舊志俱不載翁泳性理諸儒姓氏又不載泳何許人閱翁氏家乘載泳從朱元晦先生游先生手書題潤草堂源頭活水二扁遺之則世代相去難以牽合今查劉氏譜載翁泳妹適劉炳武夷志載后山翁泳同蔡公亮游一線天有詩熊勿軒集載熊竹谷與進齋徐公覺軒蔡公思齋翁公進齋詹公為同門友四公俱潭產翁非異籍也明矣故論著之

熊安上字仲禮家八世孫也徽宗大觀己丑中武科第一時叔侄兄弟三人文武同登上賜以詩云晉室安玄齋奏捷虞廷元凱並登庸官至武經郎信德府兵馬鈐轄權通判軍州事後遇北狩之變死

万历《建阳县志》中的武状元熊安上记载

武举历经唐宋明清四朝，共绵延了一千二百余年，由武举出身的武将，知名的其实不多，如唐代的郭子仪、北宋的徐徽言、明代的戚继光，还有吴三桂也是武举人出身。

唐宋武举

武举，又称武科，是古代科举制度中专为选拔武艺人才而设置的科目。

武举的正式设置是在唐朝，但文治武功，不可偏废，武学人才的选拔一直都有。西周就建立武士选拔的制度。《礼记·射义》载：“诸侯岁献贡士于天子，天子试之于射宫。”各诸侯每年都要推举一批射箭水平高的武士给天子到射宫比试选拔。

春秋五霸，战国七雄。春秋战国时期，天下纷纷扰扰，谁都想当霸主，此时，每位诸侯王都希望能有一批孔武的将士。武学人才重新受到重视，秦国的军功爵制度，赵武灵王的胡服骑射……

秦汉之时，一大批的武将，率领千军万马征战沙场，武学人才济济，但或以武艺晋升高官的，或地方和朝廷官员的荐举，或帝王赏识擢用，并没有一套完整的考试系统，也没有一套完善的制度。

中国的武举，是由一位女性开创的。

唐初，朝廷曾先后下诏荐举武勇之才。到了武则天时代，要用到武士的地方太多了，内有徐敬业起兵反抗，外有突厥、吐蕃不断侵扰。于是，长安二年（702 年），武则天下令，“天下诸州，宜教武艺，每年准明经、进士贡举例送”。

武则天时代设立的乡贡武举体系分为平射、武举两科。为了有武神附身，唐玄宗天宝六载（747 年）后，考生在考前要去拜谒太公（姜尚）庙。

平射就像西周《礼记·射义》的选拔一样，专门课试射技，选拔专业的射击人才。考试时，箭靶距离射手一百零五步，上画五层圆环，射三十支箭，只要不超出第三环就能中第。武举的测试项目就比较多了，主要有射长垛、马射、马抢、步射、举重、负重等，还要加上材貌伟岸，言语清晰。测试时，或者对着城垛的靶子射击，或者骑马射击，或者骑马持枪以枪刺木偶头上的小方板，或者举起长一丈七尺、直径三寸半的大门闩；或者负米 600 斤，行 20 步；身材要好，六尺以上；谈吐要好，说话有神采。

如果说平射是挑选优秀的兵士，那武举就是选将才了。兵部根据武举各项目的测试成绩排序，对优秀者进行面试，“取其躯干雄健，应对详明，有骁勇才艺及可为统帅者”。

名将郭子仪就是在唐玄宗开元初年，以“武举高第”开始走向武将位置，开启 60 多年的戎马生涯，平定“安史之乱”，对唐朝有“再造之功”，成了中国传统文化里“富贵寿考”人物的代表。

到唐德宗年间，武举被叫停，因为谏议大夫田登上奏说：武举人拿着弓箭兵器，几千几百人来往于皇城，恐怕不合适。于是，唐德宗下令停止武举。但十多年后，唐宪宗重新将其恢复。

宋代，武举体系开始完善。

按《宋史·选举志》记载："神宗熙宁五年，建武学于武成王庙，生员以百人为额，选文武官知兵者为教授。至崇宁间，诸州皆置武学，立考选升贡法，仿儒学制。"意味着到崇宁年间，每个州郡都设立武学，培养武学人才了。

宋朝，首开武举殿试之先河，形成了三级考试制度。

宋王朝吸取前朝覆灭特别是唐代中后期藩镇割据的经验教训后，国家政策出现明显的"崇文抑武"倾向，尽管武举肯定要注重武力，但在"以策问定去留，以弓马定高下"的大原则下，只重武艺，不重文章的武夫是无法崭露头角的。也正是因为注重武学知识，因此，宋朝不但建立了比较完备的学校——武学，还确立了武学专用教材《武经七书》。

值得一提的是，中国历史上第一次武学的设立的时间是北宋仁宗庆历三年（1043 年），设立地点是开封武成王庙，而中国第一位武学教授，是建阳人阮逸。《宋史·选举志》记载宋仁宗庆历三年五月丁亥置武学。当时，武学生学文化的热情不高，学校只存在了不足百天。熙宁五年（1072 年），宋神宗下诏复置武学，规模初定为 100 名学生，最高时曾达到 200 人，分为外舍 100 人、内舍 70 人、上舍 30 人，学习期限三年，食宿由国家供给。所用教材即《武经七书》，北宋灭亡，武学迁至临安（今杭州）。

自北宋仁宗天圣八年（1030 年）开设武科，到南宋度宗咸淳十年（1274 年）最后一科武举，宋朝共计开武举 78 榜，理论上要产生 78 名武状元，但有姓名可考的武状元只有 8 人。宋以前并没有"武状元"之设。中国点武状元的第一位皇帝是宋神宗，中国第一位武状元是福建兴化人薛奕。熙宁九年（1076 年），薛奕考中武状元的这一年，同科的文试状元又是兴化人，名唤徐锋。宋神宗特别高兴，还题诗“一方文武魁天下，四海英雄入彀中”。薛奕后在与西夏作战时战死。

元朝对开科取士并不重视，皇庆二年（1313 年），元仁宗下诏恢复科举，延祐二年（1315 年）第一次开科取士，直到元朝灭亡，共举行 16 次科举考试。至于武举，因为元朝的统治者仅用蒙古人、色目人作为荫袭的武备官员，实行承袭制，《续文献通考》记载：“元代不设武举，专事承袭。”

明清武举

明朝的武举，立国不久就启动了，但各记载不同。

《钦定续文献通考》记载：“明太祖洪武二十年（1387 年），从礼部请，立武学，用武举。”

《罪惟录》记载“建文四年（1402 年），特设京卫武学”。同时，又记载“正德元年（1506 年），始行武举，三年一次”。

根据史料记载，时间差距较大，其实，原因很简单，就是帝王需不需要武举，需不需要将才，需不需要武士？

明朝初年，朱元璋对军人很防备，他自己带过兵打过仗，猜疑武将，大杀功臣，防止篡权。朱元璋虽然提出设立武举，但并没有去落实。明初的几位皇帝，都带过兵，也曾深入草原追击蒙古军队，加上兵多将广，名将辈出，因此明初总体的倾向是崇文抑武，武举虽设，并没实施。

明英宗的时代，终于改变了。

正统十四年（1449 年）七月，王振挟明英宗以五十万大军亲征蒙古瓦剌部，在土木堡（今河北怀来县西南）被瓦剌军包围，英宗被俘。

土木堡之变意味着明军力量的削弱，周围的游牧部落又不断地制造战争，因此，以武举选拔武将就成了当务之急。

天顺八年（1464 年），明朝武举的第一部法律诞生。天顺八年颁布的

《武举法》，详细规定了武举的流程，考试内容等各项制度，包括中举之后的待遇。直到崇祯十七年（1644 年），思宗自缢，明朝灭亡，武举的制度在明王朝存在近二百年。

《武举法》似乎比较完善，但有三个问题：一是没有具体规定武举的考试时间；二是武举人待遇太低；三是过于看重战略方面的考核。

《武举法》公布后，巡抚陕西右副都御史项忠曾上书："国家诏举将材一年余矣，骑射之间，尚无一人应诏。"看来天顺八年武举确已开科，但无一人应试。嘉靖年间的武举考试官王希烈声称：武举"肇自于弘治之甲子（1484 年），迄于正德仅四行之"。鉴于武举制度的不完善，正德三年（1508 年），颁布《武举条格》；十年后的正德十三年，颁布《武举乡试条格》，正式全面确立了明代武举乡试制度的运作程序。

嘉靖二十九年（1550 年）八月十四，蒙古土默特部首领俺答汗因"贡市"不遂而发动的战争。史称"庚戌之变"。俺答汗率鞑靼军入古北口，而后，把矛头指向了大明王朝的京畿之所——北京。当时京城兵力不足，正值武举考试，嘉靖召集应举武生等守城……戚继光就是这一批的武举生。

与文进士的考试不同，明代武举一直没有殿试，也没有设立一、二、三甲的区分和鼎甲名号。也就是不会产生第几甲第几名，更不会产生状元、榜眼、探花。

崇祯四年（1631 年），武举的会试结束后，张榜公布录取名单。当时，能够操百斤大刀的只有王来聘、徐彦琦两人，但名单上没有他们两人。大家议论纷纷，崇祯也认为有人作弊，问责了考官、监试御史等一批官员，同时下令复试，复试后选取百人，按照文进士的惯例，分三甲。崇祯调阅前三十名试卷，钦定一甲三人，王来聘为第一甲第一名，即武状元。从这一榜开始，明朝才有武状元之称，才形成殿试机制，明朝系统完整的武举考试体系正式确立。

清廷入关后，内外战事不断，朝廷重视武备，需要补充武官战将，顺治初年（1644 年），下诏举行武举，之后 200 余年从未间断。从顺治三年（1646 年）清朝武举第一科，直至光绪二十七年（1901 年），清王朝的武举是历代最规范的，记载最明晰的，历时 255 年，举行武举考试 109 次，能查出姓名的状元 108 人。

对于武举，清朝的顶层设计是“文武并重”，武科与文科设置并行，武科的考试级别、过程和考场规定等都和文科相同。武科考试与文科考试同样进行，三年一次，为区别于文科，均加“武”字，分别称武童试、武乡试、武会试、武殿试。在称谓上，也与文科举一样，有武童生、武举人、武进士、武状元之名。比较灵活的是，文、武的专业可以尊重考生的自愿进行调整。

乾隆年间，一位曾任福建游击名唤马全的，既是探花，又是状元，很是传奇。马全名叫马琼，乾隆十七年（1752 年），马琼考中一甲第三名——武探花，授官福建游击。一次，他和同僚发生不愉快，打了起来。当然同僚打不过，就由衙门逃到城门外，马琼骑上马追到城濠的桥上。追上后又打，两人一起落入城濠。因为这件事，马琼被参劾罢官，流落北京，改名马全，重新参加乾隆二十四年的武乡试，顺利通过后，第二年参加武会试、殿试，竟然获得一甲第一名的好成绩——武状元。殿试时，乾隆认出马全，但既往不咎。后来，马全参加了平定金川叛乱的战争，在木果木之役中率部殿后，英勇殉职。

科举四宴

功名难得，不论是文科还是武科。

古代科举制度，对于被选送到京城参加考试的学子，会特别举办一次盛大的宴会，文科的叫鹿鸣宴，武科的叫鹰扬宴。

宋朝，宴会上，当地长官会写“劝驾”诗，学子进京有专门的一个词语“计偕”。

“劝驾”典出《求贤诏》，汉高祖刘邦为征集人才而特发文告《求贤诏》，诏书中写道：“贤士大夫，有肯从我游者，吾能尊显之。布告天下，使明知朕意。御史大夫昌下相国，相国酂侯下诸侯王，御史中执法下郡守。其有意称明德者，必身劝为之驾。”

贤士大夫肯跟我一起共事的，我能使他得到显贵的地位。把我的旨意布告天下，使大家都明白知道。御史大夫周昌下达给相国，相国萧何下达给诸侯王，御史中执法下达给郡守。如有美名和美德相称的人，一定亲自劝他出来，替他准备车马。于是，“劝驾”的意思便是推荐人才、愿亲自驾车遣送之意。

“计偕”一词出自《史记·儒林列传》：“郡、国、县、道、邑有好文学，敬长上，肃政教，顺乡里，出入不悖所闻者，令相长丞上属所二千石，二千石谨察可者，当与计偕，诣太常，得受业如弟子。”可翻译为：各郡、国、县、道、邑有爱好文献学术、尊敬长上，严守政教，友爱乡里，出入言行不违背所学的人，地方官员上报二千石官（太守），二千石官谨慎考察认为可以的人，应当和上计吏一同到京城的太常那里，让他们像博士弟子一样参加学习。“计偕”就是“同上计吏一道”，西汉时期，地方派往中央汇报情况的人员称作上计吏，简称计吏。汉武帝元朔时开始，郡国上计吏到中央汇报工作后，往往被朝廷留任为官，从而进入仕途，即“计吏拜官”，《史记》中文本“计偕”的意思是德才兼备的后生与计吏一同进京拜官。科举后，“计偕”便有举人赴京会试之意了。

进京赴考前，地方长官会召集乡绅、名宦、德高望重者与举人见面，举行隆重的欢送仪式，宴席上还需摆设礼器、水酒，并杀牛宰羊作为供品。

还有奏乐，文科奏《鹿鸣》，武科奏《鹰扬》。文科的，取《诗经·小雅·鹿鸣》的“呦呦鹿鸣，食野之苹”，有渴求贤才之意；武科的，取《诗经·大雅·大明》的“维师尚父，时维鹰扬”，颂扬太公（姜尚）的威德如鹰之飞扬。

“琼林宴”“会武宴”分别是文科、武科在殿试后的新科进士举行的宴会。

“琼林宴”在唐代，即是曲江赐宴，也叫“闻喜宴”，到了宋代，宋太祖在殿试后宣布登科进士的名次，并在琼林苑赐宴祝贺，所以称“琼林宴”。琼林是汴京（今开封）城西的皇家花园。元、明、清三代，又称“恩荣宴”，也仍可统称“琼林宴”。

“会武宴”是武科考殿试放榜后举行的宴会。从唐朝开始，武科殿试放榜后都要在兵部为武科新进士举行宴会，称“会武宴”。群英聚会，排场浩大。

文科的鹿鸣宴、琼林宴，武科的鹰扬宴、会武宴，合称“科举四宴”。

荐　辟

荐辟其实就是官吏选拔方式之一，受荐者不需要参加统一的科举考试，只是通过推荐而征召录用。

荐辟之士，他们的科举水平不一定高，考试能力不一定行，但他们有高尚的品德，有良好的口碑，有特殊的才华。因为侧重考察德行和才能，不考虑一个家族的权势、富贵等等，因此，荐辟就冲破了贵族血缘世袭制的藩篱。

汉高祖十一年（前 196 年），下诏让各地推荐人才，当时就称“荐辟”，这一决定成为后代各类选举取士的渊源。

汉武帝即位后，让各地推荐“方正贤良”的人才，董仲舒就是被推荐到武帝身边的。当时，汉武帝连续对董仲舒进行了三次策问，都是天人关系的问题，所以称为“天人三策”。

隋朝，科举制度的出现，但荐辟也一直延续了下来。比如宋朝的建阳，徐市镇的魏掞之就是以平民身份被举荐的。《宋史·孝宗纪》记载：“乾道四年（1168 年）七月壬戌，召建宁府布衣魏掞之赴行在。”十二月，魏掞之见到孝宗，极力陈述当今天下的大事，并劝圣上要“修德业、正人心”，认为君王正心诚意，才能恢复人心，培养士气，收复中原。孝宗很愉悦地采纳了魏的意见，赐同进士出身，守太学录。魏掞之以一介平民的身份，到国家最高学府去任职，这种用人方式是极为大胆的，也可见时代的宽容。

明清两朝，荐辟仍然是选拔人才重要的方式。

一些高层文官不但支持这种多元的选官制度，还积极践行。

明初“三杨”（杨士奇、杨荣、杨溥）之一杨士奇，在建文年间，明惠帝召集文臣修撰《明太祖实录》，而被荐举进入翰林，充当编纂官。他先后历经五朝，任内阁辅臣四十余年，任首辅二十一年，他与杨荣、杨溥的共同辅政，被后世称为“三杨辅政”。

杨士奇曾经见到昆山一位普通的读书人屈昉所写的送行诗有佳句，就暗中记下了他的姓名。一天，昆山县的知县罗永年到京城办事，投名片拜见杨士奇。杨士奇问：“昆山有一位叫屈昉的，这人怎么样?”罗永年一脸茫然，根本不知道此人。罗永年回到任所，派人找到屈昉，算是认识了。不久，朝廷下诏推举“经明行修”的读书人，罗永年便将屈昉荐举出去，屈昉因此任南海县丞。仅苏州一地，杨士奇所荐举的人才就有三位身居高位：一位是尚书杨仲举，一位是都御史吴讷，还有一位是五经博士陈嗣初。

明朝的荐辟种类很多，有“明经”“茂才”（秀才）“文学”“人才”“誉儒”“孝廉”“贤良方正”“怀才抱德”“经明行修”“征修礼乐书”“征修《永乐大典》”等。清代荐辟先后设有“召试”“博学鸿儒（词）科”“贤良方正”“孝廉方正”“经济特科”等。

明朝将口有一位被荐辟的，因为楷书写得好，被推荐到武义县任知县：

> 明李远，字士明，崇文里人。以楷书辟，任武义县知县。

封赠恩荫

封赠，就是君王为了表示对臣子的爱戴，给予臣子的父母，甚至爷爷、奶奶授予官职，还在世的被授予官职的称为封，已去世的称为赠。

恩荫，就是君王为了表示对臣下功业的认可，给予臣下的后人不同等级的封赐。

封赠恩荫，其实是历代帝王为了维护统治所形成的一套等级森严的赋予官员荣誉和职位的制度，利用它来满足官僚士大夫“上荣祖考，下及子孙”的欲望，使他们效忠于朝廷。

封赠主要的对象是臣子的妻子、父辈及以上；荫叙就是对臣子的儿辈、孙辈及以下，因此可以“上荣祖考，下及子孙”。

恩荫，“恩”，皇恩；“荫”，树荫。所谓“恩荫”，显示在浩荡的皇恩之下、象征父祖的官职像树荫一样庇护子孙进入仕途。“恩荫”有等级之分，本身职位高的，荫人也更多，荫职也显赫；本身职位低的，荫人也少，荫职也比较低。所以恩荫是借前辈的官职或功劳而得官的入仕方法，是自己不要努力就可以靠着祖上当官的途径，是世袭制的继续和扩大。西汉时有《任子令》，内容是如果当上了二千石（相当于太守的俸禄）的官员，满三年，那么，可给予子弟一位郎官的名额——“吏二千石以上视事满三年，得任同产若子一人为郎”。尔后相继沿袭并得到发展。

唐太宗实行“才选”的科举制时，并没有排除“荫选”的门荫制。为了维护门荫制，他还制定法律予以保护："诸非正谪不应袭爵而诈承袭者，徒二年；非子孙而诈承袭者，从诈假官法（流二千里）。"当然，对于恩荫，君王可以破例。贞观十六年（642 年），功臣兼名将右卫大将军段志玄（正三品）弥留之际，唐太宗到他的病榻，告诉他说，给你儿子五品官当当，志玄却希望，将五品官给弟弟段志感。唐太宗于是封段志感左卫郎将（正五品）。这里有两个破例：第一，段志玄为右卫大将军，官居正三品，荫子不能五品；第二，荫子不能改为荫弟。太宗为了以示恩宠，不完全按恩荫制度办事。

因为宋朝建阳的士大夫多，封赠恩荫就有了身边的事例。

朱子的学生蔡元定，因为孙子蔡杭任参知政事（副丞相），因此赠太子太傅，谥"文节"。此即封赠。

朱子的同学刘珙，因为爷爷刘韐为国死节，父亲精忠报国，所以以荫补承务郎，此即荫封。后来刘珙还是决定自己去考进士，靠自己的努力，最后进士出身。

到了明朝，朱元璋还特别下令大臣商量确定文官的封赠荫叙制度，《荫叙之制》规定，文官从正一品到正七品，可以荫子孙一人为官；武官爵六级，死在职业上的，可以世袭，老疾者可以由子接替。规定封赠的情形十一类，规定得比较详细。比如，如果要封父母的，嫡母在那么生母不能封，嫡母去世可以一起封；还有，任职的官员如果曾经有贪腐的，不能够申请封赠，如果封赠后腐败的，追回封赠。规定荫叙的情形有五类，第一条是，荫封嫡长子，如果嫡长子残废就封嫡长子的子孙，一直到曾孙、玄孙；如果都没有，就考虑嫡长子的同母弟弟，也一样往他的后代考虑；如果仍然没有，就考虑继室和妾的孩子；如果还没有，就考虑其他兄弟的子孙或者伯叔的子孙。第三条则明确地写着，正一品的官员，他的儿子荫封为正五品；从一品的，儿子则荫封为从五品等等。

到了清代，荫叙分为三种：其一，恩荫，满、汉文官六品，京官四品、在外三品以上的，武官在京、在外二品以上的，都可以送一位儿子到国子监学习；其二，难荫，凡官员因忠君爱国而死的，除了追赠荣誉外，还可以送一位儿子到国子监读书；其三，特荫，对君王忠贞，对国家有功，保持高尚名节的大臣，如果子孙没有当官，或者品级卑微，各地长官可以送到京城，给予加恩。

将口灵凤的陈应茂因为军功，他的父亲、祖父就受到清廷的恩封；将口渭村的杨文永因军功，他的后人受恩荫，世袭云骑尉。

> 陈应茂，字恭臣，崇文里灵凤人。六品顶戴，随军在长门拒击敌船，赏加五品衔，授浙江温州城守营专城把总，历署温标右营把总，乐清营蒲岐汛把总，兼带练军左哨军务。虹桥大匪肆掠，率军毙匪数十人，生擒匪首，檄署大荆营蔡岙汛千总、玉环厅千总、平阳右营□□汛千总，保升免补千总，尽先授温镇守备。
>
> ——民国《建阳县志》

陈应茂是将口的灵凤人，清朝，六品官员。先是随军队在长门——今福建长门镇，连江县东南闽江口北岸，是江口要塞。清代在长门设长门汛。陈应茂保家卫国，抗击敌船，立下战功，被封赏，由六品升为五品，担任浙江温州城守营专城把总。乐清的蒲岐先后设巡检司、蒲岐守御千户所，也还设过营。蒲岐营的范围东至台州府楚门所；南至下堡海；西至乐清县；北至窑岙驿站。蒲岐是抗倭要地，也是海盗频发的地区，离虹桥不远。一次，虹桥发生倭寇的入侵，大肆劫掠。陈应茂率军前往，击毙匪徒几十人，活捉头目。因为陈应茂一直尽忠职守，因此，他的父亲、祖父都受到恩封。

民国的《建阳县志》记载：

> 陈百受，字承禄，崇文里灵凤人。以孙应茂贵，恩封武德骑尉。
>
> 陈梦彪，字飞熊，崇文里灵凤人。以子应茂贵，恩封武德骑尉。

陈应茂的爷爷陈百受、父亲陈梦彪因为陈应茂而被封赠为武德骑尉。武德骑尉是武职正五品的封赠。

> 杨文永，崇文里渭村人。素饶武力，有胆略。咸丰七年，率联丁与千总陈得华把守岑阳关，与红巾匪战，身受重伤，寻愈。八年发军陷建阳，文永与陈得华带兵守石壁寺。会发军遣左翼军队拥至夹攻，众寡不敌，手杀数贼而毙。奉旨入祀昭忠祠，赐世袭云骑尉。
>
> ——民国《建阳县志》

杨文永，将口渭村人，勇武有力。

清咸丰七年（1857 年），杨辅清率领的太平军攻打崇安县的岑阳关（今多写为岭阳关），杨文永奋勇作战，身受重伤。太平军攻到崇安，崇安知县莫自逸战死。当时，杨辅清部主要兵力在浦城、松溪、政和一带，对建阳暂不构成威胁。

咸丰八年，太平军再次入闽，攻破光泽的铁牛关，直扑光泽城；随后攻陷邵武城，挥师直奔建阳。太平军从莒口攻入建阳，当时是三月二十一日，太平军从建阳西门入城，没遇到任何抵抗。知县王华闻讯而逃，弃城而走，“官民逃避，城内一空”。

当地各乡镇的联兵起来对抗太平军。徐市的联兵前往救援莒口，但听说县城被占领，于是，联兵陈长胜到建阳城下大战。太平军往七姑撤退，随后重新集结，分成左右两翼，向各乡镇进攻。一位千总叫陈得华的与杨文永联合对抗，把守石壁寺。后太平军左右夹攻，陈得华与杨文永寡不敌众，双双战死。杨文永战死后，奉旨位列建阳的昭忠祠，同时，恩荫他的后人，世袭云骑尉。

> 杨嘉旺，崇文里将口人。以祖大父文永清咸丰八年率乡团保卫地方阵亡，袭世职云骑尉（正五品）。
>
> ——民国《建阳县志》

与杨文永同时代一位叫胡廷模的例贡生，在太平军入闽时，胡廷模举办乡团，并率领乡团防守抵御，地方赖以安宁，但不久战死，地方官请求朝廷予以恩封，于是，胡廷模的子孙世职云骑尉。

伦理文化

——节与孝

不只是建阳，明清时代，天下州县都会建一座节孝祠。

节孝，指贞节和孝顺。

“节孝”二字一般专用于女性。封建时代，特别是明清，为了旌表节孝妇女专门设立的祠堂称为节孝祠。清代明确规定，省、府、州、县各建节孝祠一所，凡是节孝妇女由官府奏准旌表的都进到祠中，春秋致祭。随着封建时代的结束，人们的节烈观已逐渐改变。

“孝”是中华传统的美德，孝文化仍然具有时代意义。《孝经》认为，孝是“天之经也，地之义也，人之行也”，国君可以用孝治理国家，臣民能够用孝立身理家保持爵禄。“孝道”，随着中华优秀传统文化的复兴，必将进入家国情怀的范畴，被赋予新的时代意义。

节　孝

建阳的节孝祠建在儒学之后。崇祀历代旌表的贞孝、节烈的女子。最初，节孝祠在水东的交溪旁，由于乾隆四十九年（1784 年）、五十六年两次遭遇洪水，冲毁严重。道光十五年（1835 年），移建到儒学之后。

明清制度，凡是女子的丈夫去世后，不改嫁的称节妇，并且规定：节妇从三十岁以前守节，到五十岁或者还没到五十岁就去世，守节已达到十年的，准予旌表。

应旌表的节妇由督抚和学政一起奏请上报，送到礼部核准，礼部批复后，拨给银子三十两让家族为节孝的妇人建牌坊，节孝的妇人同时具备进入节孝祠的资格。

如果丈夫去世而妻子自杀的，或遭遇强暴受到侮辱时保全贞节而死的，称之烈妇。烈妇也应该受到旌表，办法与节孝的妇女相同。

节孝贞烈，是封建礼教对妇女的摧残，善良的女性被一个无形的绳圈套住颈项，成了旧礼教的殉葬品，虽然死后受到祭祀，生前却未能享受人生与天伦之乐。

礼教与贞操的观念，残酷地伤害着她们的身心，剥夺了她们的生活权利，麻痹了她们的反抗意志。清王朝，还有男子生前指定一位小妾自杀殉葬的恐怖规定。“男子死必有一妾殉，当殉者即于生前定之，不容辞，不容僭也。当殉者不哭，艳妆而坐于炕上……以弓弦扣环而殒，倘不肯殉，则群起而扼之死矣。”男子死了，一位妾艳妆坐在坑上，用弓弦扣环自杀，如果不肯的，就大家把她掐死。这不明摆着是杀人吗？

县志中的节孝记载，真是触目惊心。

明朝，将口的节孝妇女有二人被写入县志。

> 明，袁绰母王氏，崇文里人。生子绰甫三岁而夫亡，时氏年二十六，守节六十六年卒。知县薛宗铠奖之。子绰，以医名。
>
> 明，詹郎妻张氏，崇文里人。适詹五载而寡，无子。姑怜其少且贫，欲嫁之。里有富室，以重贿谋娶焉。张以死自誓，乞族子育之。比长娶妇，生孙三，不十载而子丧妇亡。穷苦万状，没齿无怨。知县冯继科旌之以额。

一位是袁绰的母亲王氏，从26岁开始，守节66年。一位是詹郎的妻子张氏，嫁到詹家五年后丈夫去世，当地的富人重金娶她，她誓死不嫁，因没有儿子，过得非常清苦，但从不怨恨。

清朝，将口的节孝妇女有八人。兹列如下：

> 清，太学生王青妻陈氏，名铿弟，崇文里人。年二十八而寡，遗孤旋夭，抚嗣子成立，为授室生孙。现年六十三岁。
>
> 清，莆田廖大镎妻赖氏，崇文里张墩头人。年二十五而寡。以夫兄子为嗣。家颇不贫，而省啬弥甚，盖欲稍有赢余，使嗣子有以自立也。卒年四十五岁。
>
> 清，廪生张凤书妻江氏，名素莲，崇文里将口人。年二十四而寡。事舅姑甚谨，抚嗣子如己出。日勤纺绩，至老不倦。卒年六十有九。
>
> 清，胡咸德妻曾氏碧珠，建忠里人。年二十二岁夫亡守节，抚继

子长成。卒年四十有八。由如心社汇报具详，旌奖节孝。

清，林文芳妻萧氏，建忠里人。年二十四岁夫殁，遗腹。是年咸丰戊午秋，发匪窜乱，避入昆山岭。生男锡璋，守节抚孤。卒年五十有五。

清，余致钦妻吴氏，建忠里人。年二十四夫亡，坚志守节，抚孤成立。卒年七十有三。

回潭村余氏祠堂

清，罗仕铧妻张氏，建忠里人。年二十六夫亡守节，抚二子成立。清道光六年，氏年七十。学宪史赐以“柏节松龄”匾额旌之。卒年七十有八。

清，余德和妻周氏，建忠里人。年二十八夫亡守节，抚孤。现年五十有八。

这些女子，年纪小的，22岁开始守节；年纪大的，也不过28岁就开始守节。几十年的守节，或者独自抚育儿子长大，或者找一个孩子当后嗣抚育长大，一生艰辛孤苦，以如今文明社会的眼光回望，提倡节孝是极不人道的。

孝　道

中国历来重“孝”，甲骨文中就已经出现“孝”字。《尔雅·释训》说“善父母为孝”；《说文解字·老部》说“孝，善事父母”；段玉裁认为“‘孝者，畜也’。顺于道，不逆于伦，是之谓畜”。“孝”的基本含义是善于侍奉和赡养父母的意思，但孝又不仅只是对父母好，《孝经》就确立了孝的高度，集中地阐发了儒家的伦理思想，孝是“天之经也，地之义也，人之行也”，国君可以用孝治理国家，臣民能够用孝立身理家保持爵禄。朱子幼时读《孝经》，便在书上写下“若不如此，便不成人”八字。古代的孝子，可以入传；如果孩子赡养父母得以高龄，也可立牌坊表彰；如果父母特别高龄，还可以上升到国家的祥瑞的高度。

将口有三则关于孝道的故事值得一书。

一位是刘常，他守丧七年，感天动地，父亲的墓前长出神奇的灵芝；一位是王翠莲，希望自己减寿以保住哥哥的生命，哥哥去世后她异常忧伤，不久病逝；还有一位是赵文旺，因子女孝顺，而活到一百岁，还立了“百岁坊”，至今犹存。

刘常·灵芝呈祥

《建阳县志》记载一位孝子刘常的神异事件，称“灵芝呈祥”。记载如下：

大历间，建忠里孝子刘常庐墓，墓前产芝二茎。一长一尺有二寸，一长一尺有一寸，形如鸡冠，色紫，叩之作金石声。旧志。按旧志作“建中二年”。今考《刘孝子传》，刺史奏闻尚在建中元年，故易之。

——民国《建阳县志》卷二

刘常，性至孝。丧父后，庐墓七年，有灵芝两茎产于庭。建中元年，刺史陆长源、观察使常衮以闻，诏旌门闾，赐粟帛，改所居里曰“忠孝”。

——民国《建阳县志》卷十一

大约在唐代大历年间（766—779年），建阳的将口有一位叫刘常的，极其孝顺。刘常的父亲去世后，刘常在父亲的墓前守丧七年，墓前长出二茎的灵芝，一茎长一尺二寸，一茎长一尺一寸。灵芝的形状像鸡冠，紫色。用手去叩击灵芝，会发出金属撞击的声音。当时建州刺史陆长源、福建观察使常衮将此事上报朝廷，朝廷下诏表彰，赐稻谷、丝帛，并将刘常居住的里改为“忠孝里”。

当时，建阳有一篇记录刘常孝道的传记——《刘孝子传》，可惜没有流传下来。

王翠莲·笃于孝友

王翠莲者，崇文里人，清从九品王定邦之女，王梦松之妹。五岁丧母，兄妹二人形影相吊。事父尽孝。读书，颇识字，知大体。当十五岁时，其兄苦读不辍，年十九尚不得志，抱憾而卒。莲于兄沉疴不起时，焚牒本县城隍，愿减寿益兄。及不得所请，意欲随兄地下，又以父在堂不果，其年仅及笄。笃于孝友，实足愧然男子。其师劝以招詹家郎入赘为婿，为兄绵一线之延以承父后，乃事未行，而皇天不恤，兄以五月廿四日逝，翠莲亦于九月十四日卒，相距仅百十日，竟成千古恨事。

——民国《建阳县志》卷十一

王翠莲，将口人，是一位低级官员——从九品王定邦的女儿，哥哥名唤王梦松。王翠莲五岁的时候，母亲就去世了，兄妹俩一起侍奉父亲以尽孝。王定邦其实也很开明，所以王翠莲有老师，教她读书识字明白事理。王梦松 15 岁时，刻苦攻读，19 岁仍然不得志，竟然带着遗憾去世了。王翠莲在哥哥大病之时，到县城的城隍庙祈祷，说可以减去自己的寿命保哥哥的身体康复。终究没有保住哥哥的生命。哥哥死后，王翠莲想自杀随哥哥而去，但父亲年老，不敢死。当时王翠莲才及笄。王翠莲的老师劝她招一位詹家人入赘，以延续她哥哥的血脉，事情还在谋划，而王翠莲也得病去世了。哥哥是五月廿四日去世，她是九月十四日去世，相差 110 天。

赵文旺·圣世人瑞

城村，村口，有一座为赵文旺而立的牌坊，坊名“百岁坊”，悬挂着“圣世人瑞”匾。

牌坊便有了两重意义。一是孝道，因为儿孙孝顺，侍奉供养，因此老人长寿；一是祥瑞，人生七十古来稀，活到一百岁，就是祥瑞了，故称“圣世人瑞”。高寿，还是社会安宁的升平景象的标志之一，也是地方执政官员的政绩之一。

古人长期接受“天人合一”“天人感应”的观念，认为天能影响人事、预示灾祥，甚至“国家将兴，必有祯祥；国家将亡，必有妖孽”。帝王施行仁政、德政，天下就会太平、风调雨顺，进而出现祥瑞，反之就会出现灾变。由此，历代王朝构建了一套大同小异的祥瑞、灾异上报系统。祥瑞的种类繁多，依次分成五个等级。

其一：麟、凤、神龟、龙、白虎，并称“五灵”，是“王者之嘉瑞”，是最高等级的瑞兆。

其二：景星、庆云等 64 项名物是大瑞。

其三：白狼、赤兔等 28 项名物是上瑞。

其四：苍乌、赤雁等 32 项名物是中瑞。

其五：嘉禾、芝草、连理木等 14 项名物为下瑞。

祥瑞代表“上天垂象”，值得庆贺。一旦出现高等级的大瑞，州郡要及时上奏朝廷，文武百官则要到宫阙朝贺。上瑞及以下的祥瑞，到年底时由礼部汇总上奏，祭告于宗庙神灵之前，百官也要奉表称贺。如果故意编造祥瑞的，《唐律疏议》做了规定，“诸诈为瑞应者，徒二年”。与祥瑞相反的是灾异，就得戒慎恐惧了。一旦出现山崩、地裂、干旱、淫雨、疫疠以及蝗灾等，就可视为天降灾害，要请僧道祈祷，君王也要斋戒祈祷，以求国泰民安。

庆贺赵文旺百岁的匾是“圣世人瑞”。赵文旺也成了“瑞”，太平盛世人间的祥瑞。

说到祥瑞，建阳最有名的祥瑞是“嘉禾”。按祥瑞的分类，嘉禾只能算“下瑞”，但建阳的嘉禾却是“上瑞”。当时是南宋的景定元年（1260 年），李伯玉掌管福建路的提举常平司时，建阳的唐石里（今黄坑）长出一棵奇特的稻穗——“一本十五穗”，一枝根茎抽出十五枝稻穗来。祥瑞出现，必须上闻天听。李伯玉将“一本十五穗”的稻穗画成图呈奏朝廷。事有凑巧，就在景定元年六月，理宗下诏立忠王赵禥为太子。立太子是“正国本”的大事。恰巧，赵禥最初的封号是“建安王”。建安的建阳县出祥瑞，建安王被册封为太子。如此一来，“稻禾”与“国本”建立了联系，那棵“一本十五穗”的嘉禾就因“正国本”的大事被破格确立为“上瑞”，建阳县也改称嘉禾县。建阳的嘉禾是奇特物产与政治需求完美结合的典范。早在淳祐六年（1246 年），顺昌就进呈祥瑞的稻禾，那棵稻禾是“一本三十九穗”。因此，祥瑞背后，其实是政治因素。

至于“人瑞”——年龄超过一百就可以称“人瑞”了，到了清朝的时候，“人瑞”被明确写进国家大典可以获得优待。《钦定大清会典》记载：凡年满百岁的寿民寿妇，上报后，朝廷给予奖励。官方赐银三十两建牌坊，男性寿民题“升平人瑞”，女性寿妇题“贞寿之门”。如果超过一百岁，另加赏银十两；超过 10 岁，赏银翻倍。乾隆二十七年（1762 年），建阳赤岸的谢必种妻子吕氏 102 岁，向朝廷申报后，官府就是按规定赐给银两建牌坊，牌坊上书“贞寿之门”。

虽然大清的文件上规定百岁老人就有奖励，但如果家族没有上报请示，也就不一定了。将口有两位百岁长者，是没有受到奖励的。

光绪十九年（1893 年），将口渭村的范华贵 103 岁去世，可惜他的同族很少，子孙散乱，没有族人上报朝廷请示表彰。

同治七年（1868 年），将口处士王肇庆的女儿、余观澜的妻子王碧娘 100 岁去世。王碧娘丈夫去世后一直守寡，冰清玉洁，养育儿子，儿子又生孙子，五代同堂，遗憾的是没有上报请示表彰。王碧娘去世后，他同族的侄儿贡生王邦彦写诗赞叹：“淑德珩瑾女史崇，榆溪槐阁母家风。遐龄劲节齐松柏，培塿南山信不同。”那时的将口别称“榆溪”。

附

人　瑞

明，万历间，崇文里城村赵文旺，字西源，年一百岁。当事为闻于朝，旌之。

清，同治七年，崇文里处士王肇庆之女、余观澜之妻王氏碧娘，生于乾隆三十四年六月二十二日，终于同治戊辰七年正月二十二日，刚交百岁而亡。生平守节，玉洁冰清。育子生孙，同堂五代。惜未请旌。族侄癸丑科拔贡王邦彦有赞云："淑德珩瑾女史崇，榆溪槐阁母家风。遐龄劲节齐松柏，培塿南山信不同。"盖美其大年而苦节，亦足以阐潜德之幽光也。

清，光绪十九年，崇文里渭村人范华贵，享寿一百〇三岁。惜族姓式微，子孙零落，无有能为之请旌者。

——民国《建阳县志》卷四

附录1：将口的古今辖域

将口镇地处武夷山南麓，东接崇雒乡，南连童游街道，西邻莒口镇，北接武夷山市兴田镇。按照古代行政区域“乡”来考察，则将口的辖域为建宁乡、仁义乡的部分辖域。

建阳乡、里区划的变迁

建阳县置立以来，宋设六乡，曰群玉、昇龙、建宁、崇政、仁义、开耀；统二十三里，曰三桂、崇仁、崇德、均亭、招贤、童游、文瑞、崇政、崇泰、宁化、钦仁、崇雒、崇阳、东田、三衢、崇化、永忠、长平、北雒、唐石、文强、建阳、忠孝。

元时乡仍旧，改唐石里为嘉禾里，余因之。

明洪武辛酉，析崇政为上、下，而省昇龙、开耀，共为五乡。

建宁乡辖县坊、童游、雒田、建忠、三衢五里，共四十五图。

群玉乡辖三桂、均亭、崇仁德、兴贤上、兴贤中、兴贤下六里，共四十九图。

仁义乡辖崇泰、崇政、崇文三里，共四十八图。

崇政上乡辖嘉禾、禾平、永忠三里，共三十五图。

崇政下乡辖北雒、崇化二里，共二十九图。

县坊、童游、三桂为三坊，凡民田几二十石者编坊役一班，在乡则一十六里。凡民田上十五石者，编里役一班。总谓之十九里云。

清仍为十九里，又分崇政、崇文、崇仁德、雒田各为上、下里，分三衢为外衢、中衢二里，亦曰二十四里，统图百九十有一。

——民国《建阳县志》

按古代行政区域“里”来考察，如今将口所涉及的“里”有崇文里、建阳里、忠孝里、东田里、雒田里等，随着行政区域的变化，又分分合合，崇文里有崇文上里、崇文下里，建忠里实为建阳里和忠孝里合并，雒田里又有雒田上里和雒田下里之分。

清朝道光年间之辖域

道光年间，建忠里、崇文上里、崇文下里的绝大部分区域均为如今将口的辖域，同时，还涵盖了雒田里的傅屯、东田等村庄。

崇文上里、下里

村坊：将口、岭下、西岸、山尾、南北山、水岭、张墩头、上下酎、黄厝墘、灵凤、社尾、松柏埂、郭楼后、富坜、渭村、吴源、乌塘、酎口铺、横圹、横金铺、马埠头、城村、渡头、新亭源、东潦、井前、底墟、白地园、黄亭下街、大小源、村尾、溪源、岩下、茅茶。

建忠里

村坊：回潭、枋头、后田、马鞍山、斧头林、上社、上箬、苦竹洋、杨香林、大屏、吴老窟、巢下、溪洲、官路头、南岸、良屯、旱坜、塘边、苦竹、高山、上畲、固县、南台、亭头、程源、李坋、下洲、黄竹坑、长源、胡厝巷、洋源、竹林头、尧厝、连墩、詹厝。

雒田上里、下里

村坊：北岸、周墩、清历、丁瓯、下村、张源、井水、蔡墩、岭下、南坑、畲里、竹园洲、吴屯、崇雒街、昌茂街、水亭、东田、作皮、傅屯、李厝、孔山峡、张屯、陈屯、上洋、下洋、大厅、驿铺前、横源、官田、五陡、北历、倪家庄、山头、彭厝、墟仔、莲口、官坜、朱源。

——道光《建阳县志》

民国时期之辖域

民国时期，建忠里、崇文下里绝大部分区域均为如今将口的辖域，崇文上里如今则划入武夷山市，同时，雒田里的傅屯、东田等村庄现属将口，其余大都归崇雒乡管辖。

建忠里（东北区）

回潭、官路头、凤头、连墩、寺前、溪洲、旱佈、金山下、杨香林、沙地、亭头、胡家巷、上洲、下洲、詹厝、饶厝、南台、后田、梅仔垄、吴老窟、后塘、上社（今废）、上箬、李坋、马山、余墩、东坑垄、萧家垄、水竹下、白杜（今废）、良屯、苦竹、龙沙头、岐下、乌巢下、上源垄（今废）、苦竹洋、程源、上畲、高山（今废）、西山、马鞍山、枋头（今废）、黄竹坑（今废）、长源（今废）、斧头林（今废）、竹林头（今废）、马婆岭、固县。

崇文上、下里（北区）

上里：城村（古名粤城）、渡头、底墟、鹿山窠、小渚、叶墩、杨厝墘、考历、西边、上下岩头、大渚、井前、斧头岭、陈源、官山下、东漈、潘家庄、星屯源、马埠头、下岭、朱垄、村尾、焦庵、石壁、岩塘谷、四井门前、新厝、葫芦坵、西山庵、新庵。

下里：将口、渭村、后园、吴源、乌塘、酎口铺、西岸、山尾、南北山、水岭、张墩头、上下酎、黄厝墘、灵凤、社尾、松柏埂、郭楼后、富坊、村尾、溪源、岩下、茅荼、黄坊、横金铺、渡头、新亭源、东漈。

雒田里（东北区）

北岸、周墩、清历、丁瓯、下村、张源、井水、蔡墩、岭下、南坑、畲里、竹园洲、吴屯、崇雒街、昌茂街、水亭、东田、作皮、傅屯、李厝、孔山峡、张屯、陈屯、上洋、下洋、大厅、驿铺前、横源、官田、五陡、北历、倪家庄（废）、山头、彭厝、墟仔（废）、莲口、官坊、朱源。

——民国《建阳县志》

今天的将口辖域

1949 年，中华人民共和国成立，设将口区；1958 年改称争一公社；1961 年更名前进公社；1969 年称将口公社；1984 年改为将口乡；1992 年改将口镇。将口镇古称榆溪，因为榆溪是崇阳溪在将口的河段。如今将口镇下辖将口、石维、回潭、胡巷、杨香、南台、横塘、新建、芹口、东田、松柏、山尾、西岸 13 个村委会和崇文社区 1 个居委会。各村委会下包含的自然村如下：

将口村：将口、渭村、庵子上。东田村：东田、作培、大厅、李厝、底范、赤山、洋后、社尾、后门山。横塘村：横塘、洋墩、固县、白地园、毛厂新村、毛厂、固县安置点。胡巷村：胡巷、火爬山、占厝。回潭村：回潭、岐下、连墩、北杭州、凤头、余墩。南台村：上街、后田、下街、后塘、马婆岭、南台新村。芹口村：芹口、傅屯、芹口新村。山尾村：山尾、范墩、南山、何兴、山尾新村。石维村：石维、上畲、程元。松柏村：张墩头、富布、松柏埂、溪源、岩下、灵凤、松柏新村。西岸村：西岸、肖厝、钟山良种场。杨香村：杨香、寺前、溪洲、汗布。新建村属于古田库区移民村。

附录 2：将口的歌谣

建阳的歌谣各街道乡镇均有。“搂呀搂，搂到将口，将口歇个暝，搂到黄亭，黄亭跌一倒，拾件破棉袄，今年穿不着，明年刚刚好”，这首嵌着“将口”地名的歌谣几乎人人会唱。时代变迁，能吟唱歌谣的人越来越少，掌握纯正方言的人也越来越少，重新采集与录音实为必要。1992 年出版的《中国歌谣集成·福建卷·建阳县分卷》辑录了建阳的许多歌谣，列入将口歌谣的有以下几首。

去 毛 经[①]

天灵灵，地灵灵，
土公土母降来临。
诸神灵云户，
吾今来起土：
起天土，起地土；
起年土，起月土；
起日土，起时土。
太岁尊神当门坐，
神煞茫茫不敢当。
凶神收恶煞，
付归天去。
南无石敢当，
分明一个字，
降定世间魔，
百煞朝天去。

---

①《去毛经》为民间一种医用诀术歌，建阳各乡镇均有流传。

奉吾太上老君，

急急如律令敕。

演唱者：王口宝妹，女，58 岁，建阳县人，汉族，农民

采录者：詹彦忠

采录时间：1992 年 6 月

采录地点：将口乡将口村

贺 新 娘

一杯酒仔甜津津，
双手捧起贺新人。
酒仔本是冰糖配，
连生贵子成双对。
一个北京去买马，
一个南京去挂帅。
挂得帅来也有福，
生个孙子做总督。

演唱者：王福林，男，74 岁，建阳县人，汉族，退休职工

采录者：徐贯行

采录时间：1991 年 9 月

采录地点：将口乡将口村

五谷经

五谷经，五谷经，
先求五谷后求人，
求得五谷仓仓满，
留得子孙万万年。
弥勒菩萨降世经，
奉劝男女登善心。
善人只有善人报，
恶人只有恶人心。
荣华富贵前生定，
贫穷前生不知修。
今明且说平生路，
那个凡人发善心，
请出三藏去取经，
请得良民取心经，
取得心经一百卷，
大家合会报佛恩。
五谷大仙张礼郎，
掌托明珠照四方，

高山岗头千里路，
五谷真心念弥陀。
一卷心经似马驼，
唐僧取经几多难，
只得神徒孙行者，
如今等得转婆婆。
有人念得五谷经，
西方路上有盘缠。
西方路上一丘田，
农夫耕作几多年，
多种禾苗并五谷，
后种菩提结众缘。
西方路上有人接，
随佛步步转四方。
紫金树，紫金山，
紫金树上娑婆盖，
紫金树下夜明珠，
善人积在龙华会，
阴功积得子孙受。

演唱者：刘炳芝，女，72 岁，建阳县人，汉族，农民
采录者：詹彦忠
采录时间：1992 年 6 月
采录地点：将口乡将口村

牛　经

天幽幽，地幽幽，
神州二府出铁牛。
铁牛原来坐九谷，
九谷原来荫九州。
千人牵牛牛不动，
万人牵牛牛不行。
日在阳间吃青草，
夜在盘古石上眠。
五百鬼神牵不动，
仔细听得铁牛鼾。
铁牛开口，
鬼王逃走。
铁牛合口落吾身，
吾身盖牛身，
九位娘娘护我身。

演唱者：邱金玉，女，48 岁，建阳县人，汉族，农民
采录者：詹彦忠
采录时间：1992 年 6 月
采录地点：建阳县将口乡将口村

木工师傅上梁赞

一、出煞

（割鸡冠血点在准备升架的房梁上唱）

伏以[①]——
天地开长，
吉吉如祥。
吉年吉月，
新造府堂。
日月天长地久，
子孙万代兴隆。
伏以——
左手拿金鸡，
右手拿玉斧。
此斧不是非凡斧，
牛肋铁老师父打的铁板斧，
口有二寸半，
连头带脑一尺八寸长。

---

① 伏以：传说是鲁班弟子中最聪明者，被冤而死，死后冤情大白，鲁班定他为木匠行中地位最高者，凡木匠大祭均先请伏以。

此鸡不是非凡鸡，
王母娘娘跟前报晓鸡，
问到此鸡落何处？
此鸡落在九龙山九龙地，
九龙山上生鸡子，
九龙山下抱小鸡，
抱的公鸡能报晓，
抱的母鸡接宗支。
开鸡冠抽报血点四方，
点了四方点乾坤，
一点鲁班先师，
二点鲁班弟子，
三点角尺墨斗，
四点五尺大将军。
一点东方甲乙木，
二点南方丙丁火，
三点西方庚辛金，
四点北方壬癸水，
五点中央戊己土，
戊己头上出彭祖，
彭祖年长八百岁，
新造府堂万万年。
一点一太岁，
二点二合来成双，
三点哪吒三太子，
四点四季来发财，
五点五子来登科，

六点六六顺，
七点七姐妹来下凡，
八点八仙来飘海，
九点九子十三孙，
十点十子大团圆。
伏以——
煞人煞人听我号令，
我令你远避迢迢永不回头！

二、上 梁

（升架房梁时唱）

伏以——
仙童送我一对瓶，
黄金万两打酒瓶，
上面造成狮子来盖顶，
下面造成莲花托酒瓶。
酒酿酒酿喜洋洋，
平日拿来敬贵客，
今日拿来敬中梁！
伏以——
一步兴来二步先，
三步行到楼梯边。
脚踩一寸梯，
状元来及第。
脚踩二寸梯，
二合来成双。

脚踩三寸梯，
三国桃园三结义。
脚踩四寸梯，
四季来发财。
脚踩五寸梯，
五子来登科。
脚踩六寸梯，
六六逢大顺。
脚踩七寸梯，
七姐妹来下凡。
脚踩八寸梯，
八仙来飘海。
脚踩九寸梯，
九子十三孙。
脚踩十寸梯，
十子大团圆。
左手攀到三川上，
右手托到紫金梁。
左手攀到柱头花，
下面打鼓吹喇叭！

演唱者：郑章红，男，28岁，江西玉山人，汉族，木匠

采录者：徐贯行

采录时间：1992年5月

采录地点：将口乡胡巷村

灯树经[①]

一盏灯照亡人，
照得亡人路头光。
双脚双手拨两边，
世界也归天。
左手拿金钱，
右手拿银钱，
拿到黄河买清水净娘（爷）身，
净得娘（爷）身出来见观音。
观音面前来减罪，
减下罪，赦下罪。
娘啊娘（爷啊爷），
乌路慢慢走，
莫走光路做畜生。
做了三年官有书信，
做了三年客有回头，
过溪渡水莫着吓，

①《灯树经》是当地民间一种祭奠经，由子女和儿媳在死者前跪诵，意在为亡人照明指路。死者为女，诵“娘啊娘”；死者为男，诵“爷啊爷”。

去庵去庙莫省钱，
上山过岭要等伙。
上岭有人接，
下岭有人牵。
娘啊娘（爷啊爷），
七七四十九盏灯，
头盏灯是你的，
别的都是普度众生。
娘啊娘（爷啊爷）来是桃花色，
去是菊花黄，
铁树开花难得有，
灯树开花快出来。

演唱者：王妹宝，女，56岁，建阳县人，汉族，退休职工
采录者：詹彦忠
采录时间：1992年6月
采录地点：将口乡

土地公经[①]

山神土地公公土地神，
香烟渺渺透到墓门前。
墓门诸事都识道，
四边风水都荫到。
大男细女门前接，
接得风水转家门。
荫子荫孙出富贵，
荫来有好处。

演唱者：刘炳芝

采录者：詹彦忠

采录时间：1992 年 6 月

采录地点：将口乡将口村

① 《土地公经》为殡葬仪式诵经之一。

郎萁[①]岗岗

郎萁岗岗，
斗米蒸糖，
大大[②]担水，
妈妈[③]洗床，
洗[④]只状元郎。

演唱者：张运莲，女，50岁，建阳县人，汉族，居民
采录者：詹彦忠
采录时间：1965年
采录地点：将口乡

① 郎萁：蕨类植物，可作柴烧。
② 大大：公公。
③ 妈妈：婆婆。
④ 洗：生。